"一带一路"倡议
实施中的物流瓶颈及
解决方案研究

刘崇献 李 彤◎著

首都经济贸易大学出版社
Capital University of Economics and Business Press
·北京·

图书在版编目（CIP）数据

"一带一路"倡议实施中的物流瓶颈及解决方案研究 /
刘崇献，李彤著. -- 北京 ： 首都经济贸易大学出版社，
2025. 6. -- ISBN 978-7-5638-3844-8

Ⅰ．F259.1

中国国家版本馆 CIP 数据核字第 2025WY5440 号

"一带一路"倡议实施中的物流瓶颈及解决方案研究

YIDAIYILU CHANGYI SHISHI ZHONG DE WULIU

PINGJING JI JIEJUE FANGAN YANJIU

刘崇献　李　彤　著

责任编辑	陈　侃
封面设计	砚祥志远·激光照排　TEL：010-65976003
出版发行	首都经济贸易大学出版社
地　　址	北京市朝阳区红庙（邮编 100026）
电　　话	（010）65976483　65065761　65071505（传真）
网　　址	https：//sjmcb.cueb.edu.cn
经　　销	全国新华书店
照　　排	北京砚祥志远激光照排技术有限公司
印　　刷	北京建宏印刷有限公司
成品尺寸	170 毫米×240 毫米　1/16
字　　数	202 千字
印　　张	11.25
版　　次	2025 年 6 月第 1 版
印　　次	2025 年 6 月第 1 次印刷
书　　号	ISBN 978-7-5638-3844-8
定　　价	58.00 元

目录

绪　论

一、研究背景和目的

"一带一路"倡议的提出有着复杂的国内外背景。从国际上看，当时美国在政治、军事上搞"重返亚太"，经济上搞小圈子，企图从政治、军事、经济上包围、孤立中国；从国内看，为了降低对海上运输线的依赖，畅通陆上经贸合作通道，提升经济安全水平，推动西向发展战略，带动中西部地区发展，为国内当时的产能开拓更为广阔的国际市场，习近平总书记 2013 年提出了加强我国和相关国家经贸合作的"一带一路"倡议。该倡议提出后受到了国内外广泛的欢迎，逐步被确立为我国重大的中长期对外合作发展战略，得到了中央政府和地方各级政府的高度重视，陆续出台了一系列相关规划和政策，并积极推进落实。

该倡议作为我国重大的对外合作平台，受到了"一带一路"沿线和全球范围内绝大多数国家的重视和欢迎，截止到 2022 年 1 月已经有 147 个国家和地区与我国签署了共建"一带一路"协议，规划并推进了众多的基础设施建设项目，对我国和相关国家的经济社会发展发挥了重要的促进作用。"一带一路"倡议已经成为我国倡导共建人类命运共同体、推进全球经济互利合作的重要抓手，成为我国为人类社会发展提供公共产品、营造我国和平发展环境的重要平台和超级工程，在一定程度上"一带一路"倡议成为宣传我国和平发展模式和先进发展理念的名片。

"一带一路"倡议具有潜力大和跨度长等特征，其意义主要表现为：优化我国产品出口市场结构；改变我国能源资源供应严重依赖海路运输的脆弱性，增加陆上资源供应保障；通过互利共赢的国际合作拓展我国经济发展的腹地，打破敌对势力的包围和遏制；强化对外经贸合作，提升对外投资能力，建立更加稳定高效的国际供应链网络。为了促进"一带一路"的发展，中国需要强大的物流能力来满足国际经济合作的需要。客观地说，"一带一路"沿线多数国家物流发展水平较低，与快速发展的区域经济合作不适应、不匹配，对区域经贸发展存在明显的制约。因此，构建完善的物流体系，对

"一带一路"沿线各国经济发展具有显著的促进作用,对"一带一路"倡议中的贸易畅通、资金融通和民心相通具有积极的先导和支撑作用。

本研究聚焦"一带一路"倡议"五通"目标中的"设施联通",强调物流基础设施联通是"一带一路"设施联通的核心和基础。"一带一路"物流体系建设是"贸易畅通""资金融通""民心相通"的物质基础和保证,具有先导性和基础性作用,因此物流体系建设必须先行,应置于优先地位。我国在"一带一路"建设中投资了大量的港口、铁路、油气管道项目,也的确是在优先落实物流基础设施建设。由于"一带一路"沿线国家众多,在物流基础设施建设和运营的过程中,面临着突出的政治风险、自然风险、经济风险和社会风险,也面临着效率、资金、技术制约,深入全面认识"一带一路"倡议推进中存在的各种物流基础设施建设和运营瓶颈制约,并有针对性地采取防范或应对措施,具有重要的现实意义。

我们强调在"一带一路"倡议的实施中,应优先建设海、陆、空、地下、网上等综合化立体化的"一带一路"物流体系,并持续优化体系、改进效率。本研究从海、陆、空等多个角度梳理分析了我国与"一带一路"沿线国家物流体系的发展现状和存在的突出问题,在此基础上聚焦识别当前存在的主要物流瓶颈,并针对关键物流瓶颈开展定性和定量分析,进而提出有针对性的对策建议,最后对"一带一路"物流体系的优化原则和路径进行理论探讨和前景展望。

二、主要内容和逻辑思路

本研究首先强调了物流体系对实现"一带一路"倡议的"五通"目标,进而推动人类命运共同体建设具有的重要意义。通过对物流与区域经济发展的理论分析和文献综述,强调了物流体系建设的基础性、先导性作用。

其次以我国为例,运用协整分析和拓展的引力模型进行实证分析,表明物流业发展对我国经济的发展具有显著的正向影响,国际物流绩效对中国出口贸易的发展具有显著的正向影响,从而在理论上强调"一带一路"物流体系建设对推动区域经济发展的重要意义,也强调了物流效率提升对推动"贸易畅通"的重要意义,在此基础上提出解决"一带一路"物流体系建设和运营的瓶颈,具有重要的理论和现实意义。

以上两部分为后面的分析提供了理论支撑,也强调了选题的价值和意义。

接下来对"一带一路"的物流体系，分陆上物流通道、海上物流通道、空中丝绸之路、地下物流通道（管道运输）、网上丝绸之路（跨境电商和快递）以及中欧班列等专业物流形式，从物流通道、物流节点、物流信息系统和物流便利化等角度，以定性分析、数据图表、案例分析、实证分析为主要手段，进行现状梳理和问题分析。

在现状分析的基础上，总结识别了"一带一路"的主要物流瓶颈：现有物流基础设施能力不足、组织管理相对落后，形成了对物流运力的硬件约束，需要消除运力梗阻、提升运力能级；现有物流体系运作效率不高、信息系统落后、政策协调不畅，需要推进物流便利化，提升物流运作效率；现有物流体系存在主要通道和关节节点的缺失和短板，需要加速物流通道和节点建设，但现实中面临着突出的政治障碍和融资约束；"一带一路"物流体系整体功能发挥需要物流基础设施和相关产业协同发展，要推动"设施联通""贸易畅通""资金融通"等目标协同发展。

这是在对现状和问题进行分析的基础上，从中筛选识别出的物流瓶颈。因为"一带一路"涉及的国家和物流方式太多，运用定量评价识别体系存在数据获取困难等问题，因此物流瓶颈的识别以定性分析为主。

在物流瓶颈识别的基础上，本研究按照物流基础设施瓶颈、物流运作效率瓶颈、物流建设政治障碍、物流建设融资瓶颈、物流基础设施和产业协同发展瓶颈5个突出的方面进行了瓶颈因素及其成因分析，对物流效率瓶颈使用了三阶段DEA等方法，对海、陆、空主要物流节点的效率进行了定量评价。

物流基础设施瓶颈是现实中的重大制约因素，本研究分别从物流通道整体运力不足和运行不畅、物流节点和配套场站设施不健全，多式联运系统建设滞后，基础设施投资风险大、资金缺口大，信息化水平滞后，贸易便利化、物流便利化水平低等角度分析了"一带一路"物流基础设施瓶颈问题。针对我国"一带一路"物流枢纽城市、枢纽国际机场、物流枢纽港口存在的物流运作效率瓶颈，运用多个数据包络模型（DEA）等进行了实证分析测算，分析了部分物流枢纽城市、机场或港口物流运作缺乏效率的表现和原因。关于"一带一路"物流设施建设的投融资瓶颈，本研究在分析物流基础设施建设投融资的意义和现状基础上，指出"一带一路"物流基础设施建设的融资瓶颈主要体现为投融资需求不对称，融资方政治和法律风险、项目风险高，还本付息存在不确定性，投资主体存在局限性，已有的多边金融机构和政府增资有限等方面。关于"一带一路"物流设施和物流产业协同发展的障碍，重点从体制机制不完善、市场开拓障碍、物流障碍、结算障碍等角度进行了分析。

在物流瓶颈的定量和定性分析基础上，针对每类瓶颈的主要表现，本研究有针对性地提出了对策建议。部分有代表性的建议是宏观层面的，如通过组织创新强化协调，建议创建"一带一路"合作组织；发挥典型示范作用，建设好中巴合作走廊；完善跨国物流通道，积极推动第三亚欧大陆桥建设；重视通过国际金融组织开展运作，设立"一带一路"项目库等。部分建议是面向微观层面的，如倡议筹建多国入股的跨国物流企业，成立丝绸之路物流总公司、"一带一路"国际铁路联运集团；推进国际贸易"单一窗口"国际联网，推动国际区块链和大数据合作，提升国际物流效率；创新投融资模式，如 BOT、PPP 模式，吸引民间资本参与物流设施投资；重视培育主体改善商业生态，扶持电商快递企业走出去，推动"五通"目标协同发展。对策建议涉及政策协调、组织创新、商业模式选择、新技术手段应用等内容，但由于选题偏宏观，涉及面较广，多数对策建议都是方向性、探讨性的，具有抛砖引玉的性质。

在分析 5 种物流瓶颈的现状表现、特点、成因、影响等的基础上，提出了有针对性的对策建议，部分建议具有一定的创新意义。

本研究最后分析了"一带一路"物流体系的优化路径及发展前景。强调"一带一路"物流体系优化应构建以中国为中心的物流体系，应优先考虑保障我国战略物资供应的安全，构建立体化、多元化的物流体系，尽量以市场化方式合作共建相关物流设施，健全物流体系的软硬件要素、功能要素和支撑性要素，从宏观层面推进区域一体化水平和组织程度，微观层面通过运筹学和优化理论优化主要物流通道的走向和主要物流节点的布局，并动态地调整物流线路和节点。在操作和技术层面，要重视技术创新和组织创新，推进物流标准化和便利化，提升"一带一路"物流体系的运作效率。虽然"一带一路"物流体系建设面临着复杂的国际形势，但前景是光明的，通过我国多方面的努力，必将在引领全球增长和全球发展治理中发挥独特的作用，为提升全球增长动力和实现良好的增长绩效提供新的实践平台。本部分在总结基础上，为下一步深入研究初步确定了努力方向。

本书的主要内容和技术路线如图 1 所示。

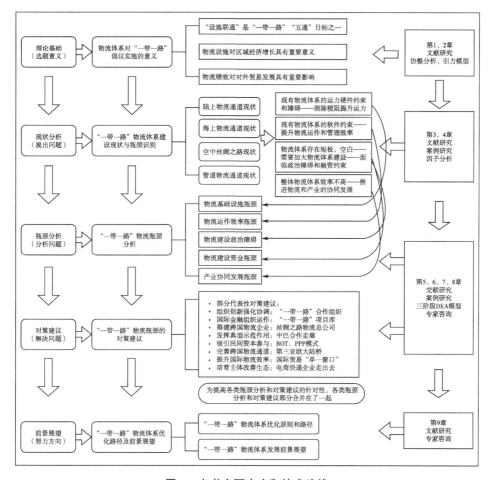

图1　本书主要内容和技术路线

三、研究的主要学术价值、应用价值和创新之处

（一）学术价值

第一，丰富了对"一带一路"物流设施建设可行性的理论研究。已有的研究多从必要性出发，提出建设各种物流通道和设施的建议，对可行性、操作性缺乏关注。本书强调物流基础设施建设对区域经济发展具有重要的推动作用，物流体系建设对"一带一路"倡议目标的实现具有不可或缺的支撑作用，从而为在"一带一路"倡议实施中适度超前地布局建设物流通道和关键节点、重视解决主要物流瓶颈提供了理论支撑。

第二，建立了"一带一路"海、陆、空、地下、网上综合物流体系的分析框架，相对全面地梳理了"一带一路"主要物流通道、主要物流节点、主要物流方式的建设和运营现状，并分析了存在的主要问题，在此基础上指出"一带一路"物流体系建设和运营存在着 5 个方面的瓶颈因素，强调完善"一带一路"体系不仅要在物流设施建设方面克服政治障碍、融资障碍，而且要克服现有物流硬件的使用短板、物流运作效率短板，并且要从协同发展的角度推动物流基础设施和产业的协同发展，从而在理论上明确了"一带一路"物流体系发展的主要问题所在。

第三，运用三阶段 DEA 等实证方法对比研究了系列物流枢纽城市、物流枢纽机场和物流枢纽港口的物流效率，从 DEA 效率角度客观评价我国主要物流节点城市、机场和港口的物流效率现状，得到一系列结论，并分析了其原因，可为相关研究和实践提供参考，丰富"一带一路"物流体系理论的研究成果。

第四，针对"一带一路"物流瓶颈，提出了一系列具有创新意义的建议。例如，在宏观层面提出推进组织创新，创设"一带一路"合作组织；建议赋予上海合作组织经济职能（自贸区）；创建多国参股的国际物流企业集团，内部化外部运营成本；强调借助国际金融组织，以市场化方式推动物流设施建设；推进国际贸易"单一窗口"联网；建议探讨推进在宽轨国家建设标准轨铁路或套轨运行，减少换装成本；等等。这些建议对于推进"一带一路"物流建设和提高运行效率具有重要意义。

第五，从理论上总结了"一带一路"物流体系优化的原则和路径，指出应构建以中国为中心的物流体系，应优先考虑保障我国战略物资供应安全，构建立体化、多元化的物流体系，尽量以市场化方式合作共建相关物流设施，健全物流体系的软硬件要素、功能要素和支撑性要素；应从宏观层面推进区域一体化水平和组织程度，微观层面通过运筹学和优化理论优化主要物流通道的走向和主要物流节点的布局，并动态地调整物流线路和节点。在操作和技术层面，要重视技术创新和组织创新，推进物流标准化和便利化，提升"一带一路"物流体系的运作效率。这对丰富"一带一路"物流的理论研究，具有一定的学术价值。

（二）应用价值

本书提出的"一带一路"综合物流体系框架，对主要物流瓶颈的问题分析及对策建议，相关实证分析结论和建议，对"一带一路"物流体系未来优化原则和路径的探讨，具有显著的应用价值。

第一，从宏观层面看，对政府部门的决策具有一定的参考价值。本研究提出的"一带一路"综合物流体系框架和5个主要物流瓶颈，在宏观层面提出的一些建议（例如，由我国牵头创设"一带一路"合作组织，或者在扩员基础上赋予上海合作组织等国际组织经贸协作权限，如倡导成立上合组织自贸区；强调市场化运作方式，最好借助国际金融机构形式开展国际物流基础设施项目投资，降低政治敏感性），对"一带一路"物流体系未来优化原则和路径的探讨，对政府制定相关决策具有一定的参考价值。

第二，从微观层面看，对企业的运营和投资决策具有一定的参考价值。相关现状、问题分析和对策建议有助于企业了解主要物流通道和物流节点的现状和存在的风险因素，相关建议对企业的运营和投资决策具有启示意义。例如，建议我国企业牵头筹建多国入股的跨国物流企业（丝绸之路物流总公司等）；在轨距不一样的国家之间发展套轨运输；建议电商快递支付企业沿主要物流通道走出去，改善沿线国家商业生态；创新国际物流项目投资模式，积极使用BOT、PPP等利益共享模式，积极发展智慧物流；等等。

第三，对国内物流枢纽城市、枢纽港口、枢纽机场提升效率和竞争力具有一定的参考价值。本书运用普通数据包络模型、三阶段数据包括模型等实证工具测算了国内主要物流枢纽城市、枢纽港口、枢纽机场的物流效率，并进行了横向对比研究，指出部分物流枢纽城市、枢纽港口、枢纽机场效率低的原因，并提出对策建议，对于这些城市、港口和机场在投入产出意义上提升物流的规模和技术效率提供了参考。

（三）创新之处

第一，以整个"一带一路"物流体系建设为视域，聚焦物流设施建设的可行性，针对关键物流瓶颈提出解决方案，从研究视角看具有一定的创新性。

第二，强调我国要用市场化、合作共赢的思维方式去解决"一带一路"物流体系建设和运营中的瓶颈问题和障碍因素，这有利于减轻相关国家的政治疑虑，具有一定创新性。

第三，强调指出"一带一路"物流体系是一个综合立体的系统，需要促进各部分之间的协同发展，以提升整体效率，并对"一带一路"物流体系的优化原则和路径进行了探讨，具有一定的创新意义。

第四，在对策建议方面，提出了一些新的建议和观点，如建议成立"一带一路"合作组织，或丝绸之路自贸区，打造国际协调平台；设立由沿线各国入股的跨国物流企业，如"丝绸之路物流总公司"；通过推动"一带一路"各国国际贸易"单一窗口"建设来提升区域内国际物流运作效率；建议铁路轨距不同的国家开展套轨运行，以降低换装成本；建议发起中朝韩日"泛东亚铁路"通道倡议，为强化东亚合作对话创造话题。

四、存在的不足或欠缺，尚需深入研究的问题

（一）存在的不足或欠缺

第一，受多种因素影响，实地调研不够深入充分，对具体问题的把握和对策建议有深化改进的空间。由于"一带一路"物流设施建设和运营涉及面大，且笔者作为普通教师到有关部门和企业开展调研存在较大障碍，研究后期又受新冠疫情影响不便于开展实地调研，这些都在一定程度上制约了调研活动的范围和深度，加上研究对象自身的复杂性和动态性，造成本书的深度和针对性还有待于继续深化和改进。

第二，个别地方的数据和案例没有更新到最新。由于"一带一路"物流建设和运营是一个不断推进的动态过程，受调研限制，加上部分数据和案例资料有保密性要求，通过有限的渠道不能充分获取所需的数据，但本书尽可能地反映了最新的数据和案例。

第三，实证研究的模型不够复杂。本项目在多个章节使用了贸易引力模型、协整分析和三阶段数据包络模型（DEA）等实证分析模型，对物流基础设施对经济和贸易发展的影响、"一带一路"物流节点运作效率等进行了实证测算，较为有力地支撑了相关结论。一些相对复杂的优化模型，如神经网络模型或一般均衡模型，由于数据获取比较困难，并且考虑到不属于本选题核心内容，本研究就略去了，并计划用在以后进一步的研究计划中。

（二）尚需深入研究的问题

尚待深入研究的问题包括国际政治经济形势大变局和中美大国博弈对"一带一路"物流体系的影响、"一带一路"物流体系优化和效率提升路径、"一带一路"物流体系与我国对外经贸投资协同发展、"一带一路"倡议"五通"目标协同推进策略等，今后将继续关注，并积极申请相关课题。

第一章　物流体系在"一带一路"
倡议实施中的作用

一、"一带一路"倡议提出的背景及总体布局

（一）"一带一路"倡议提出的背景

中国经济自改革开放以来快速发展，在各个方面都取得了巨大的成就，但经济发展从整体上看东快西慢，地区差距较大，产业结构处于中低端，对国外资源依赖程度较高，也造成了较为严重的环保成本，经济发展模式迫切需要转型，由资源导向向创新导向升级。从国际范围看，我国的外向型经济得到迅猛发展，同欧、美、日、韩等发达国家和地区发展起了密切的贸易联系，但从整体上看，我国的海外市场过度集中在发达国家，遭遇到越来越强烈的贸易壁垒限制，而发展中国家在我国外贸总额中占比偏低；从长远看，发达国家经济增长乏力，而发展中国家，尤其是新兴市场国家的经济发展迅速，是我国不容忽视的市场机会。因此，海外市场的过分集中和不均衡发展阻碍了我国经济的长期可持续发展，也影响了我国的经济安全。

与此同时，世界经济政治格局持续演变重组，国际金融危机的深层次影响仍在持续，全球经济复苏缓慢，各国面临严峻的发展形势。美国反全球化势力抬头，强调和推动重返亚太，积极组建各种排外的小圈子，中美战略竞争加剧，对我国的经济发展形成重大潜在冲击，我国需要未雨绸缪，强化和拓展我国经济发展腹地，培育多元化的国际市场。

基于复杂的国内外形势和我国长期稳健发展的需要，我国于 2013 年适时提出了"一带一路"倡议。"一带一路"是"丝绸之路经济带"和"21世纪海上丝绸之路"的全称，是习近平总书记在 2013 年 9 月访问中亚国家期间和 2013 年 10 月访问东盟国家期间提出的合作倡议，旨在构建全面开放格局，广泛开展国际合作，同时带动我国区域均衡协调发展。"一带一路"倡议继承了古代"丝绸之路"的商贸人文交流精神，赋予古丝绸之路现代意义，以现代化的综合物流体系为纽带，对接融合"一带一路"沿线国家

的对外发展战略，以追求互利共赢、平等互助为宗旨建设人类命运共同体。"一带一路"建设被列为国家"十三五"、"十四五"时期主要目标任务，得到了国际社会的广泛关注和响应，逐渐成为中国在国际上具有巨大感召力的国际合作平台。"一带一路"是一条友谊之路，也是一条合作共赢的市场贸易之路，是创建新时代人类命运共同体的重要载体和抓手，逐渐成为中国和平崛起的外部保障和中国带动沿线各国发展的重要舞台。

为落实习近平总书记的这一重要倡议构想，2015 年 3 月国家发展改革委、外交部和商务部联合发布了《推动建立 21 世纪丝绸之路经济带和海上丝绸之路的愿景与措施》（简称《愿景与措施》），全面系统地概述了"一带一路"的战略意义，并承诺将扩大对外开放的模式，促进资源和投入的有效流动。该纲领性文件的出台标志着"一带一路"倡议正式提升到国家层面，成为确保中国与世界经济互联互通的重要发展战略。

共建"一带一路"倡议源自中国，更属于世界；根植于历史，更面向未来；重点面向亚欧非大陆，更面向所有伙伴开放。"一带一路"倡议逐渐吸引了欧、亚、非等五大洲的不同国家和地区，这些国家中有发达国家、新型工业化国家、发展中国家和极不发达国家，拥有多样化的文化、宗教和风俗习惯，各国都是在自愿、平等的基础上参与"一带一路"国际合作，因此"一带一路"倡议逐渐被认可为和平发展和经济合作的重要机遇，而不是推行地缘政治联盟或军事联盟。这是一个开放和包容的共同发展过程，而不是一个小圈子或闭门造车的"中国俱乐部"；不以意识形态划界，不搞零和游戏，只要各国有意愿，都欢迎参与。

（二）"一带一路"倡议的总体布局

"一带一路"倡议是我国目前最重大的国家发展战略之一，是我国在开放经济条件下为适应国内国际新常态，应对国际反全球化浪潮、贸易保护主义和国内经济下行压力，为打造利益共同体、命运共同体、责任共同体而倡导的一项伟大构想和对外开放新战略。目前"一带一路"倡议已经成为我国开展国际经济合作的重要渠道，成为保证我国经济可持续健康发展的重要外部条件。

"一带一路"倡议恪守共商、共建、共享的原则，倡导和平合作、开放包容、互学互教、互利共赢，重点推动政治互动、设施联通、贸易畅通、金融融合、民心相通。该倡议已经从理念落实到行动，从愿景推进到现实，已经从一个倡议演变为一个全球流行的公共产品。

"一带一路"以立体化国际通道为基础,以沿线枢纽城市、港口、国际机场和铁路枢纽站为关键节点,以主要产业、物流园区为支撑和合作平台,共同打造互利共赢的经济走廊。陆上主要经济走廊有六条,分别为中蒙俄、新亚欧大陆桥、中国—中亚—西亚、中巴、中国—印度—孟加拉国—缅甸和中国—中南半岛经济走廊。海上以区域战略性港口为节点,共同建设通畅安全高效的运输大通道。有三条主要海上航线:第一条是从中国沿海跨越南海到印度洋,延伸到欧洲;第二条是从中国沿海港口跨越南海到南太平洋,第三条是从中国沿海港口北上经韩国釜山、日本海、海参崴到达北美洲。

"一带一路"是一个动态延伸的合作之路,没有设定固定的地域范围。初期根据《愿景与措施》规划,"一带一路"涵盖 7 大区域,沿线有 65 个国家,如表 1-1 所示。

表 1-1 "一带一路"覆盖区域及沿线国家

区域	数量	沿线国家
东亚	12 国	中国、蒙古国、东盟 10 国(新加坡、马来西亚、印度尼西亚、缅甸、泰国、老挝、柬埔寨、越南、文莱、菲律宾)
西亚	18 国	伊朗、伊拉克、土耳其、叙利亚、约旦、黎巴嫩、以色列、巴勒斯坦、沙特阿拉伯、也门、阿曼、阿联酋、卡塔尔、科威特、巴林、希腊、塞浦路斯、埃及的西奈半岛
南亚	8 国	印度、巴基斯坦、孟加拉国、阿富汗、斯里兰卡、马尔代夫、尼泊尔、不丹
中亚	5 国	哈萨克斯坦、乌兹别克斯坦、土库曼斯坦、塔吉克斯坦、吉尔吉斯斯坦
独联体	7 国	俄罗斯、乌克兰、白俄罗斯、格鲁吉亚、阿塞拜疆、亚美尼亚、摩尔多瓦
中东欧	16 国	波兰、立陶宛、爱沙尼亚、拉脱维亚、捷克、斯洛伐克、匈牙利、斯洛文尼亚、克罗地亚、波黑、黑山、塞尔维亚、阿尔巴尼亚、罗马尼亚、保加利亚、北马其顿
总计	65 国	

"一带一路"覆盖面广,横跨欧亚大陆,向西延伸到欧洲经济圈,向东连接到亚洲和太平洋经济圈。它将对社会和经济发展产生重大影响,中国和"一带一路"周边的许多国家有着共同的利益。

"一带一路"倡议是一个合作与发展的概念和倡议,而不是一个新机制或政治军事集团。它建立在中国与有关国家之间现有的双边和多边机制之上,并逐步在基础设施和交通互联互通、贸易和投资便利化等领域采取措施。依赖"丝绸之路"经济、人文、商贸的千年传承，并赋予其新的合作意义。"一带一路"符合多边主义、经济全球化、文化多元化和社会包容的全球趋势，支持开放的区域合作精神，致力于维护全球自由贸易体系和开放的世界经济。

当前，世界正处于大发展、大变革、大调整时期，和平、发展、合作仍然是时代的潮流。展望未来，"一带一路"建设面临许多挑战和问题，但也面临前所未有的发展机遇和前景。这是一项事关多方的倡议，需要同心协力；这是一项事关未来的倡议，需要不懈努力；这是一项福泽人类的倡议，需要精心呵护。未来我们坚信，随着时间的推移，在所有参与者的合作下，"一带一路"将越走越深，成为一条和平、繁荣、开放、环境友好、创新、公民社会和公平之路，推动经济全球化朝着更加开放、包容、平衡和共赢的方向发展。它将促进经济全球化朝着更加开放、包容、平衡和共赢的方向发展。

从 2013 年到 2022 年，"一带一路"倡议得到了世界上许多国家的认可和积极参与，参加国的数量越来越多。截至 2022 年 1 月底，中国政府已与 147 个国家和 32 个国际组织签署了 200 项政府间合作协议。因此，从一定意义上看，"一带一路"倡议已经超越历史上丝绸之路的地域范畴，成为具有全球意义的合作平台，"一带一路"已经逐步升华为"合作的纽带，共赢的道路"。

二、物流体系建设对"一带一路"倡议的意义

习近平总书记指出，"一带一路"倡议宗旨是实现"互联互通"，聚焦于"五个重点合作领域"，即政策沟通、设施联通、贸易畅通、资金融通、民心相通。为了加强与世界各国的文化、政治、经济和社会交流，我们需要做好"五通"，同时要让物流先行，把物流摆在优先发展的战略位置。物流体系建设是"互联互通"的物质基础，是"一带一路"倡议的基础性先行工程，缺乏物流体系支撑，"一带一路"倡议的各项目标都无从谈起。

"一带一路"倡议旨在促进国家间的友谊和合作，促进经济发展，通过互通有无消除市场障碍，加快贸易和投资，促进共同繁荣。物流作为国家和地区企业之间合作的纽带，连接和整合不同的产业链，从而促进不同国家工业部门的发展和整合。因此，现代物流在促进国内和国际产业部门的相互联系、协调国内和国际市场、显著扩大每个国家的发展空间以及促进"一带一

路"项目的实施方面发挥着重要作用,对促进"一带一路"倡议目标的实现有着重要意义。

习近平总书记提出"一带一路"政策的建设要围绕"五通"的目标来实施,主要是政策沟通、设施联通、贸易畅通、资金融通、民心相通。其中,设施联通、贸易畅通与物流有更为直接的关系,设施联通是直接对物流系统主体的要求,是对物流平台这个基础提出的要求;贸易畅通则是需要物流的基础性的、全面的、强有力的支持。"五通"目标要求各参与国间的经济要素有序、自由流动,资源高效配置和市场深度融合,共同构建开放、包容、均衡、普惠的区域经济合作架构,开拓共建共赢、共担风险、共享利益为特征的多边合作创新模式。高效的物流体系能使我国各地区更好地参与到"一带一路"建设中,促进市场要素的流动,从而形成以点带线、以线带面、紧密联系的经济空间,从而加速"五通"目标更快更优地实现。

"一带一路"倡议自提出以来,取得了巨大的成果,其中物流不仅是"一带一路"倡议的重要内涵,同时又是实现"一带一路"倡议目标的重要手段。高效的物流体系包括物流节点、物流设施、物流通道等功能,是一项复杂的工程。高效的物流体系不仅要保留每一节点、设施、通道的优点,同时又要加强各功能的合作,推进"一带一路"倡议的落实,实现整体利益最大化。"一带一路"的由来最早可以追溯到唐朝的"丝绸之路",唐朝时已经出现一些基本的物流网络系统。基础的物流网络经过多年的建设与发展,物流网络系统逐渐丰富,无论是运输线路还是物流网络节点规模的发展都取得了巨大的成果,但离"一带一路"的建设目标仍有很大差距。因此,"一带一路"建设必须要紧抓物流系统,提高物流体系的现代化程度。

首先,高效的物流体系为政策沟通提供了渠道。在政策沟通领域,截至 2022 年 4 月,我国已与 149 个国家、32 个国际组织签署了 200 多份共建"一带一路"的合作文件,其中有发展中国家,也有发达国家。还有不少发达国家的公司、金融机构与我国合作开拓第三方市场,合作内容涉及能源、通信、基础设施建设、工业、农业、贸易、金融、人文交流等领域,可谓是成果丰硕。中国与相关国家加强政策沟通,顶层设计先行,实现了战略对接、优势互补的目的,相关物流合作政策规划的发布,整合了各国的物流资源,促进了物流信息化建设,提升了物流服务水平,保证了物流过程和环节的有效衔接。顺畅的政策沟通,为沿线各国的经济发展、物流体系建设战略和对策的对接提供了支撑,在沟通各国利益以及诉求时,能有效地减少政治摩擦，将负面影响降到最低。随着深入的政策沟通，土耳其东西高铁、中巴经济走廊、瓜达尔港等的建造，将各国间的合作更加紧密地联系在一起，有助于进一步展开合作项目，形成政策沟通新的机制，促成基本一致的战略、准则的形成。完善的物流体系，为中国"一带一路"倡议的节点城市带来新的机遇，有利于形成良性循环，促进推动陆上通道贸易和物流进一步发展，催生出与物流相关的物流信息、物流大数据、物流金融等高端行业的发展，为政策沟通的顺利进行提供渠道，为"一带一路"倡议的实施奠定坚实的政策基础。

其次，高效的物流体系为设施联通提供了建设方向。在设施联通领域，自倡议提出以来，中国与"一带一路"沿线国家开展了多领域、广泛的合作，涉及铁路、港口、航空运输、通信和能源等领域。"一带一路"各参与方在交通、能源、电信等领域签署多项双多边谅解备忘录、合作意向书、投资协议、合作协议。目前中国已开通亚欧大陆桥物流通道、孟中印缅物流通道、中国—中南半岛物流通道、中俄蒙物流通道、中巴物流通道、海上物流通道，六条物流通道连接亚洲各区域及亚欧非之间的基础设施网络，成为连接"一带一路"的物流枢纽。物流通道的建设无疑对"一带一路"战略的目标起了一个积极的作用，物流通道不仅加强了国内外设施的连通，形成了互通的新格局，同时也加强了国内各地区的连通，促进了西北、西南等偏远地区的发展。中国以互利共赢为准则与多个国家建立港口以及航空运输的合作，建设港口及机场的项目进展顺利，如巴基斯坦瓜达尔港、希腊比雷埃夫斯港、阿尔及利亚阿尔及尔新机场等，项目涉及"一带一路"所有国家，带动了"一带一路"地区的整体发展。同时，双边合作机制的积极推进，加强了"一带一路"政策在设施互联互通方面的建设。结合现有的物流运输体系，完善交通运输、信息共享等配套设施，积极发展交通基础设施建设与跨境服务。我国与众多沿线国家在石油、天然气等能源领域展开了通力合作，解决了贫瘠地区能源不足的问题，巴基斯坦尼鲁姆杰卢姆水电站、老挝南塔河一号水电站、跨境光缆电网的使用促进了各国水、能源、通信技术的进步，加强了各国设施的互联互通，为"一带一路"倡议目标的实现提供支持。

高效的物流体系也为贸易畅通提供了重要的交流合作平台。在贸易畅通领域，"一带一路"倡议的推动，促使中国的物流体系作出相应的调整，引导国内外的物流体系对接，促进我国对外贸易发展、投资与产业转移的进程。截至 2018 年底，中国与 25 个国家达成了 17 个自贸协定，并与 24 个国家建立了经贸合作区，与"一带一路"参与国的贸易往来金额高达 1.27 万亿美元，在中国对外贸易中的占比是 27.4%，呈现良好的发展态势。世界银行的研究报告显示，"一带一路"国内外物流体系的对接，将全球运输的时间平均减少了 1.2%~2.5%，贸易总成本降低 1.1%~2.2%，"一带一路"参与经济体运输时间和贸易成本分别下降 1.7%~3.2% 和 1.5%~2.8%，极大地节省了贸易往来的时间，降低了贸易流通的物流成本，保障了货物在运输过程中的质量。此外，物流运输体系也为贸易流通提供了极大的安全保障，推动了全球经济的增长。将物流体系与贸易流通进行合理的协同管理，能够为物流与贸易企业提供良好的市场环境，扶持物流企业的发展，充分考虑物流企业的优势，营造便利的物流环境，促进"一带一路"倡议目标的实现。同时，贸易流通离不开互联网思维，利用智能化的物流设备能够提高物流与贸易领域的效率，提高企业以及社会各界获取信息的准确度，为贸易的畅通发展提供支撑。随着贸易壁垒逐渐被约束，贸易便利化被越来越多的国家所重视，贸易便利化政策的提出，在促进物流体系逐渐向高效、智能转变的同时，也利用物流体系促进了贸易的发展，利用信息化平台为国家间贸易合作提供支撑。

再次，高效的物流体系也为资金融通提供了必要的客观条件。在资金融通领域，"一带一路"倡议加强了各国以及国内各地区的贸易往来，带动了西南、西北等地的经济发展，国内实体经济不断发展，创造了一系列新型产业链，完善了相关的金融服务体系。利用新兴的物流领域，各国间资金融通，共同建设以物流业为主体的新兴业态。铁路、公路、水路以及航空等高效的运输方式，为"一带一路"沿线国家的建设带来投资资金，完善了各地自贸区的经济建设，促使众多投融资机构对物流设施资产进行管理。有统计数据显示，货物贸易方面，2013—2020 年，中国与"一带一路"沿线国家货物贸易额由 1.04 万亿美元增至 1.35 万亿美元，占中国货物贸易总额的比重由 25% 升至 29.1%。2013—2020 年，中国在"一带一路"沿线国家的承包工程新签合同额由 715.7 亿美元增至 1 414.6 亿美元，年均增长 10.2%；完成营业额由 654 亿美元增至 911.2 亿美元，年均增长 4.9%。中欧班列的运行促进了我国与沿线国家的贸易往来，提高了货物的日运载量，提升了国家间的经贸合作水平，深化了国际合作。高效的物流体系，降低了运输的成本，节省了物流时间并提高了流转效率，改变了传统的运输格局，提高了

"一带一路"参与的国贸易便利化程度，优化了企业产业结构，加强了金融基础设施的互联互通，提高了沿线国家的交易规模，探索出物流驱动产业发展的新模式，保证了金融市场的高效运行和整体稳定，推动形成了更加合理的金融体系，促进了"一带一路"区域间资金的融通。

最后，高效的物流体系为民心相通提供了服务。民心相通是沿线各国人民理念以及感情的融合。随着我国与140多个国家和国际组织签署合作协议，民心相通工作在地方层面和人文领域也取得重要进展。我国各省（区、市）与60多个"一带一路"沿线国家共建1 000多对友好城市，在全球154个国家（地区）建立了548所孔子学院和1 193个孔子课堂。2015年3月28日，国家发改委、外交部、商务部联合发表了《推进共建丝绸之路经济带和21世纪海上丝绸之路的愿景与行动》，2017年《中国社会组织推动"一带一路"民心相通行动计划（2017—2020）》正式启动，加深了各国的友好关系，加强了全球化时代的利益交融以及人民交流。目前民心相通已取得显著的成果，"一带一路"沿线各国的民间组织加入并开展百余项活动与项目，如"爱心行""幸福泉""太阳村""绿色使者计划"等活动的开展，为"一带一路"奠定了良好的民意基础。"一带一路"秉持着以人为本的原则，以满足沿线国家居民需求为目标。民心相通理念的深入，为构建人类命运共同体提供了客观条件，加强了沿线国家居民间的沟通，提高了物流服务水平，保证了"一带一路"的稳健发展。因此，民心相通是实现各国共同发展与繁荣的现实要求。

"一带一路"通过纵贯欧亚大陆的贸易大通道和产业大通道，把碎片化的地区经济串联起来，以政策沟通、设施联通、贸易畅通、经济融通、民心相通5个领域为着力点，把握物流体系整体的发展，提高物流的便利化程度，完善"一带一路"物流体系，以高效的物流体系促进"一带一路"倡议目标的实现。

第二章　物流体系建设对区域经济发展的影响

"一带一路"倡议的最终目标是促进沿线各国的经济发展，在互利共赢的基础上共建人类命运共同体。在文献综述的基础上，本研究首先从理论上定性分析了物流体系建设对区域经济发展具有重要的促进作用；然后，以中国为例，通过协整分析，定量实证了物流业发展对我国经济发展存在正向影响；接下来通过贸易引力模型，定量实证了国际物流绩效对中国出口贸易存在的正向影响，从而进一步强调推动"一带一路"物流体系建设、消除物流瓶颈、提升物流效率对实现"一带一路"倡议的"五通"目标、推动区域经济发展、共建人类命运共同体具有的重要意义。

一、关于物流与区域经济发展关系研究的文献综述

（一）关于物流发展思路研究

张滨、黄波、樊娉（2015）认为在丝绸之路上结合陆路和海路运输的多式联运是未来的发展方向。王凌峰（2015）认为新增的丝绸之路经济带是中国航空物流的重要推动力。吕同舟（2014）认为中国多式联运的发展将在未来几年遇到重大机遇。也有人认为，"互联网+"给物流业带来了新的思维方式，将改变中国物流业相对落后的现状。马玉成、尹传忠等（2015）认为可以通过建立物流园区、提高运营能力、加强港口互联互通、建设智能港口等方式促进港口物流的发展。张良卫（2015）建议通过促进国际物流与国际贸易的战略协同，来加快"一带一路"国家战略的实施和自贸区的运行。王娟娟、秦炜（2015）提出由跨境电商平台、专业云物流系统、互联网金融等关键要素组成的新型电商模式，推动"一带一路"倡议区的电子商务实现新常态。

通过文献研究可知，运用互联网技术打造跨境电子商务平台、多式联运、智慧港口、建立自贸区、建立云物流系统平台、建立"单一窗口"简化贸易审单流程是加快"一带一路"物流发展的主要方向。

(二) 关于"一带一路"区域经济的发展相关研究

"一带一路"倡议的提出是为了更好地推动全球经济的发展,增加沿线国家和地区的经济合作。关于"一带一路"区域经济的发展,学者们进行了多角度、多领域的研究。在物流发展方面,王之泰(2014)认为,物流是丝绸之路经济区的一个发展缺口,建立物流走廊可以弥补这一缺口。在经济合作障碍方面,侯梦薇等(2019)在分析中国与沿线国之间贸易现状的基础上,根据中国与沿线国家之间贸易摩擦的现状,对中国未来在区域经济合作中的调整方向提出建议。刘晓伟等(2019)通过区域合作机制化限度研究发现,该机制初始成本高,缺乏共同意愿,缺乏核心授权,成员国数量少,使小国不敢"搭车"。随着时间的推移,这种次区域合作机制受到了限制,机制化不应该是区域合作的目标。

通过以上文献研究可知,发展物流是"一带一路"区域经济发展的前提,是贸易畅通的先决条件。同时在推动"一带一路"区域经济发展过程中,存在着很多贸易摩擦,阻碍着各国经济合作的发展。解决这些问题,一方面要扩大贸易,增大共同贸易利益;另一方面政府作为"一带一路"区域经济合作的参与主体,要加强各种政府间的沟通交流,建立府际沟通协调机制,及时妥善解决贸易合作争议。

(三) 关于物流与区域经济发展关系的研究

从国内外研究现状看,罗丹(Rodan,1943)把交通等基础设施看作是一种社会先行资本,认为必须优先发展。纳克斯(Nurkse,1953)认为运输和物流设施具有很强的外部效应,它将不同地区的经济活动连接成一个连贯的整体,使增长较快的地区通过扩散效应促进增长较慢地区的经济发展。塔瓦西(Tavasszy,2003)从全球角度研究了贸易、物流和区域发展之间的关系,认为经济增长需要快速有效的运输和先进的物流设施。刘育红(2012)实证研究了1980—2010年"新丝绸之路"经济区的交通基础设施投资与经济增长之间的关系,发现经济增长导致交通基础设施投资的增加,而交通基础设施投资的增长又促进了经济增长。李巍(2017)在分析中国"一带一路"地区的经济概况和物流发展状况时发现,现代物流发展对区域经济增长的作用不仅限于经济增长,还体现在经济结构的优化和转型上。

在物流与区域经济发展关系定性评价方面，国内外学者研究的也比较多。马修利斯（Maciulis，2009）定性分析了物流对经济发展的积极和消极影响，并定性评估了调和这两个领域的可能战略。张文杰（2002）运用区域经济理论与交易费用理论分析区域物流与区域经济之间的关系，深入探讨二者的内在相互作用。张红波（2009）运用区域经济理论和交易成本理论分析了区域物流与区域经济之间的关系，并研究了两个因素之间的互动关系。徐红芳等（2006）运用区域经济一体化理论分析了区域经济与现代物流的关系。

在定量评价方面，刘明菲等（2007）运用区位熵法证明区域物流集聚度与区域经济具有密切的相关性；谢峰等（2008）运用人工神经网络评价城市经济与物流业之间的协作关系；周泰等（2009）建立了区域物流与区域经济之间协调程度的控制模型，以四川为例进行验证；王爱虎等（2014）从物流业发展的规模、绩效和潜力3个方面，用灰色多维动态模型实证分析广东省21个市区域物流产业发展与区域经济发展的关联度。

经过以上文献的研究可知，物流与经济的发展有着密切的联系，物流是经济快速发展的基石，而区域经济发展不仅限于经济增长，还体现在经济结构的优化和转型上。中国物流业的发展将对周边国家的经济发展产生强烈的带动作用，顺畅的物流系统可以促进货物的快速流动，从而促进国内经济的快速发展。

二、物流体系建设对区域经济发展影响的理论分析

"一带一路"是以和平发展为旗帜，以构建政治互信、经济融合、文化包容的利益共同体、命运共同体、责任共同体为目标的合作共赢之路。因此，"一带一路"倡议的最高目标是建立互利共赢和谐相处的人类命运共同体，实现互联互通的"五通"只是阶段性具体目标，或者说是建设人类命运共同体的重要"手段"。经济基础决定上层建筑，如何促进"一带一路"沿线国家经济社会发展是共建人类命运共同体的核心任务。理论和实践证明，物流基础设施的改善和物流业的发展对区域经济的发展具有重要的影响。

（一）从经济学角度看，物流体系是经济增长的重要保障

从经济学角度看，物流业与经济增长的关系包括两个方面：一方面，

物流业的发展必然加速商品和物资的周转，提高产品的物流效率，在这种情况下，物流供给能力的快速增长可以促进经济增长，从而产生可观的利润，即理论界支持的物流供给理论。物流供给推动为经济实现高效发展提供有效的长期保障，通过增加供给为经济发展提供新的发展方向，丰富物流系统的多样性。但供给推动论离不开政府的政策支持，需要政府政策加以引导，提供人力、科学技术、自然资源等条件，构建稳定的市场环境，提高产量，为市场创造更大的价值，提高人民整体的生活水平，维持我国经济持续稳定的发展。另一方面，经济增长创造了对物流的极大的需求，应改善物流业信息技术落后等问题，优化物流业的资源配置，即物流的需求跟随论。物流需求跟随论主要是根据客户的需求，制订物流服务计划，有利于促进工艺创新，丰富市场多样性，促进生产与消费，促进经济增长。

无论是物流供给推动论还是需求跟随论都是促进区域经济增长的重要方式。因此，在物流领域中，需调整目前物流与经济发展的结构，结合物流供给推动论与需求跟随论两种方式共同提升物流系统的发展。同样，物流体系与经济的发展也互相制约，若经济发展迅速但物流业设施发展慢、服务理念落后，同样也会造成经济的下滑。

根据目前物流与区域经济发展间的联系，影响区域经济发展的物流因素很多，主要可以归为以下几个方面：①物流基础设施建设。物流基础设施是影响经济发展的基础，在我国广大中西部地区和"一带一路"沿线多数国家还存在着物流基础设施建设滞后、分布不均衡、使用效率不高等制约因素，对地区经济发展形成了严重的制约。②物流功能要素协调。国际物流功能要素可分为包装、运输、储存、装卸搬运、流通加工、配送、通关、商检和信息服务等功能要素，各个环节互相影响、互相配合。但目前就我国和"一带一路"沿线国家物流发展现状来看，各个环节在协作方面仍然存在较大问题，影响物流体系整体效率的提升。③物流服务。物流业是生产性服务行业，现代社会越来越重视物流服务质量。"一带一路"各国在运输的硬件设施、物流服务理念、物流标准存在差异，造成运输衔接不畅，成本高、效率低。④政府政策制度。国家在物流基础设施、物流服务能力等方面的政策直接或间接地影响着物流体系的发展。促进经济的发展还需要政府部门制定与当前物流发展相匹配的政策制度。

因此，对于我国来说，物流业与经济的协同发展应成为当下关注的焦点，政府应积极发挥主导作用，促进第三产业的发展。加大利用互联网、大数据的力度，将物流、经济与互联网平台进行结合。加强对物流基础设施的建设，为物流体系的发展奠定基础。

（二）从管理学角度看，物流活动是企业利润和效益的源泉

当前有代表性的物流学理论，都充分强调了物流活动的重要性，认为物流是企业增加利润和效益的重要领域。

物流成本中心说的"黑大陆"学说以及物流冰山学说主要是从物流活动的成本角度进行研究的，通过揭示物流系统中大量物流费用并不能准确地进行核算及核查，提示人们要注重物流成本的节约，开发物流活动潜在的经济价值，从节约物流成本的角度提高物流企业的发展。

利润中心说主要是指在降低人工、材料以及扩大销售无法为企业带来更高利润的情况下，通过降低物流费用能为物流企业带来长期的利润。

服务中心说是指根据客户的需求、目标，为客户定制服务、专项服务，改善企业物流服务保障功能，提高服务质量，降低企业成本，从而为物流领域带来更高的利润。

效益悖反理论是指物流系统各功能要素间不仅存在正向的促进作用，同时也会起到反向的抑制作用，这就要求我们需要全方位考虑物流各功能要素间的关系，实现整体效益最优。

其他物流理论观点认为物流处于企业发展至关重要的位置，要从战略的角度看待物流问题；整合物流供应链，从供应链整体的角度看待物流问题；从绿色可持续的角度研究物流问题，平衡好物流、经济、环境之间的关系，利用好逆向物流，实现环境可持续发展，建立绿色循环的物流系统，促进现代物流系统的发展。

微观层面的物流效率和效益取决于宏观层面的物流体系的效率和物流基础设施的完善程度。因此，"一带一路"各国通过共建完善的物流体系，可以为企业提供高效、低成本的物流服务，进而促进物流业和其他产业发展，推动区域经济的发展。

（三）从现实实践看，物流业是国民经济的重要支柱产业

物流业作为现代经济的重要组成部分，是支撑国民经济发展的基础性产业，对经济的增长起着明显的带动作用。物流活动是联系区域经济发展的重

要纽带，也是区域经济发展的基石，因此促进我国经济发展的前提就是要丰富物流活动、搭建合理的物流体系。

2009年，国务院发布《关于物流业调整和振兴规划的通知》，将物流纳入十大支柱部门，并强调要大力发展物流业。物流业的迅速发展，不仅促进了经济的快速增长，同时经济发展也反过来作用于物流活动的运行以及物流体系的搭建。在国务院2014年发布的《物流业发展中长期规划（2014—2020年）》中指出，推动国际物流发展等为主要发展目标，发展物流龙头企业，带动物流产业的发展，为物流发展提供良好的市场环境。

截至2021年底，全国铁路营业里程达到15.0万千米，其中高铁营业里程到4万千米，全国公路总里程528.07万千米，高速公路里程16.91万千米，表明物流业的基础设施建设发展迅速。中国经济近些年发展迅速，GDP由2000年的100 280.1亿元增长为2021年的1 143 670亿元，增长了10倍之多，同时第三产业对GDP的贡献率由2000年的36.2%增长到2021年的54.9%。从社会物流总额与GDP对比来看，与疫情前的2018、2019年不同，2020年以来社会物流总额增速持续高于GDP增长，物流需求系数持续提升，显示在疫情压力持续存在的情况下，生产、出口、消费等实物物流恢复保持良好势头，表明第三产业对经济发展的影响程度逐渐加深。

从"一带一路"范围看，我国和多数国家还存在着物流成本居高不下、运输效率提高缓慢、现代物流基础设施技术应用范围较为局限等问题，不仅影响各国物流行业的发展，同时也在影响着各国国民经济的良性循环发展。因此，准确识别"一带一路"物流体系建设和运营的瓶颈和短板，进而采取对策消除或减轻瓶颈制约，提升"一带一路"物流体系的效率，具有重要的现实意义。

三、物流业发展对区域经济发展影响的实证分析——以我国为例

（一）数据的来源及建模

时间序列数据是研究中经常用到的数据类型，但如果不是平稳序列数据，可能会出现伪回归。协整分析是解决非平稳经济变量之间数量关系较为实用的方法，其通过数据的建模分析，探究数据间长期、短期间的稳定关

系。其中，协整分析主要包括平稳性检验、协整检验、回归分析以及误差修正模型等步骤。

物流是经济有效运行的基础和保障，物流活动同样是一个复杂的系统过程，本文在考虑数据的可得性以及有效性的基础上，选择公路里程（表示为 CHM）、货运量（表示为 PV）和居民消费水平（表示为 RCL）代表物流业发展水平的指标，选取国内生产总值（GDP）代表经济发展的指标。本文采用 Eviews5.0 软件的协整分析方法，分析物流发展和经济发展的关系。数据主要来源为 2000—2020 年国家统计局中国统计年鉴整理所得。

本节在检验时间序列变量间协整关系之前，必须要保证变量是稳定的。本文采用较常使用的单位根检验法，并利用 ADF 检验对序列数据平稳性进行判别，运用格兰杰因果检验对变量间因果关系进行判别。

为减少指标数据序列的波动，本文采用对数化对数据进行处理，即把公路里程 CHM、货运量 PV、居民消费水平 RCL 和国内生产总值 GDP 转化为对数形式 $\ln CHM$、$\ln PV$、$\ln RCL$、$\ln GDP$。

图 2-1、图 2-2、图 2-3、图 2-4 分别为 $\ln GDP$、$\ln CHM$、$\ln PV$、$\ln RCL$ 在 2000—2020 年间的走势图，从图中可以看出四者皆是处于稳步上升阶段。

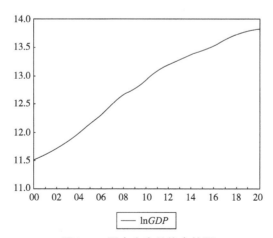

图 2-1 国内生产总值走势图

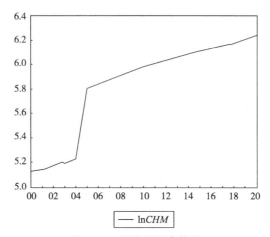

图 2-2　公路里程走势图

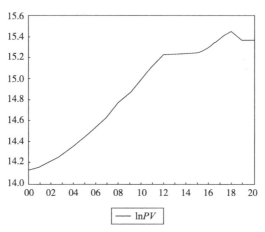

图 2-3　货运量走势图

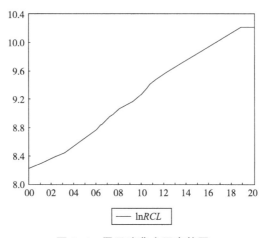

图 2-4　居民消费水平走势图

（二）变量的定量分析

1. 序列的平稳性检验

检验序列是否平稳的方法主要是单位根检验（ADF 检验、PP 检验等）。当序列不平稳时，一般通过差分来进行处理。表 2-1 为平稳性检验的结果。为观察效果明显，本文数据结果均保留四位有效小数。

表 2-1　平稳性检验

变量	ADF 检验	5%临界值	P 值	是否平稳
$\ln GDP$	0.785 1	-3.658 4	0.999 3	不平稳
$\Delta\ln GDP$	-3.221 3	-3.690 8	0.111 4	不平稳
$\Delta 2\ln GDP$	-5.785 9	-3.710 5	0.001 3	平稳
$\ln CHM$	1.711 9	-1.960 2	0.974 1	不平稳
$\Delta\ln CHM$	-1.621 4	-1.977 7	0.096 6	不平稳
$\Delta 2\ln CHM$	-3.778 4	-1.974 0	0.001 3	平稳
$\ln PV$	0.413 4	-3.658 4	0.997 9	不平稳
$\Delta\ln PV$	-2.851 7	-3.673 6	0.197 9	不平稳
$\Delta 2\ln PV$	-4.838 2	-3.690 8	0.006 1	平稳
$\ln RCL$	-0.496 2	-3.658 4	0.974 5	不平稳
$\Delta\ln RCL$	-1.801 6	-3.673 6	0.663 6	不平稳
$\Delta 2\ln RCL$	-5.730 8	-3.710 5	0.001 4	平稳

由表 2-1 可见，$\ln GDP$、$\ln CHM$、$\ln PV$、$\ln RCL$ 的 ADF 值分别为 0.785 1、1.711 9、0.413 4、-0.496 2，均大于 5%水平以下的临界值，表明 $\ln GDP$、$\ln CHM$、$\ln PV$ 以及 $\ln RCL$ 都是不平稳的；同样一阶差分后数据仍然大于 5%水平下的临界值，再对变量进行二阶差分，经过二阶差分后的 $\ln GDP$、$\ln CHM$、$\ln PV$、$\ln RCL$ 均为平稳序列，都是二阶单整序列，可以进行协整关系检验。

2. 协整关系检验

本文采用 E-G 两步法对上述变量进行检验，核心是对回归方程的残差进行单位根检验。利用 EViews5.0 软件，回归结果如表 2-2 所示，得到长期稳定关系。

表 2-2　OLS 回归结果

变量	系数	标准误	t 值	p 值
$\ln CHM$	0.259 5	0.053 6	4.841 4	0.000 2
$\ln PV$	0.422 1	0.110 9	3.805 4	0.001 4
$\ln RCL$	0.701 4	0.066 2	10.598 8	0.000 0
常数项	-1.479 4	0.939 2	-1.575 2	0.133 6

根据上表整理可得回归方程：

$$\ln GDP = 0.259\ 5 * \ln CHM + 0.422\ 1 * \ln PV + 0.701\ 4 * \ln RCLL - 1.479\ 4$$

$$t\text{-}Statistic \quad (4.841\ 4) \quad (3.805\ 4) \quad (10.598\ 8) \quad (-1.575\ 2)$$

$$R^2 = 0.998\ 3 \quad AdjR^2 = 0.998\ 0 \quad DW = 1.340\ 6 \quad F = 3\ 344.224\ 0$$

从 R^2 值可判断估计方程拟合优度较好，DW 值为 1.340 6，在 DW 统计量临界值 0.718~1.554 间，即不存在向量自相关。因此，在 95% 的置信水平下，估计方程可以反映变量之间的长期稳定关系，即公路里程增加 1 万千米，则 GDP 增长 0.259 5 亿元；货运量增加 1 万吨，则 GDP 增长 0.422 1 亿元；居民消费水平每增加 1 元，则 GDP 增加 0.701 4 亿元。根据对回归方程的残差项进行单位根检验，结果如表 2-3 所示。

表 2-3　残差项单位根检验

		t 值	p 值
Augmented Dickey-Fuller test statistic		-3.743 8	0.000 8
Test critical values:	1% level	-2.685 7	
	5% level	-1.959 1	
	10% level	-1.607 4	

根据表 2-3 可以看出，在对残差项进行 ADF 检验时，t 统计量为 -3.743 8，在 1% 的水平下显著，P 值为 0.000 8，说明拒绝有单位根的原假设，即序列不存在单位根，是平稳序列。

3. 误差修正模型

为进一步考察三者间的动态关系，对序列构建误差修正模型，研究序列的短期关系。根据软件结果，得到误差修正模型：

$$\ln GDP = 0.161\ 5 * \ln CHM + 0.514\ 8 * \ln PV + 0.679\ 2 * \ln RCL + 8.761\ 8E+010 * ECM\ (-1) - 2.071\ 1$$

$$t\text{-}Statistic \quad (0.557\ 4) \quad (0.108\ 6) \quad (0.058\ 4) \quad (4.90E+10) \quad (0.926\ 4)$$

综合以上数值，说明序列在 10% 的显著性水平下整体通过检验，可以解释为公路里程、货运量、居民消费水平对 GDP 变化的短期弹性，即公路里程、货运量、居民消费水平每增加 1%，*GDP* 将相应增加 0.161 5%、0.514 8% 与 0.679 2%。误差修正项的系数为正，符合正向修正机制，正修正机制是指当 *ECM*>0 时（t-1 期），*ECMt*-1 对 *GDP*（t 期）有增大的作用；反之，当 *ECM*<0 时（t-1 期），*ECMt*-1 对 *GDP*（t 期）有减小的作用。在本文中误差修正项的系数为正数，表明根据前一个年度的公路里程、货运量、居民消费水平与国内生产总值的非均衡误差，用 8.761 8*E*+010 的比率修正国内生产总值，使非均衡状态在调整之后成为长期均衡状态。

对比协整方程和误差修正模型，可以看出，无论是长期还是短期，公路里程、货运量、居民消费水平都对国内生产总值存在正向影响。与长期相比，短期内公路里程对 *GDP* 的弹性系数小于长期的弹性系数；货运量对 *GDP* 的短期弹性明显大于其长期弹性；居民消费水平短期弹性系数小于长期弹性系数，且所有变量长期与短期弹性系数符号相同，说明变动方向一致，这表明，我国物流业已形成一定的规模，且物流产业的发展对经济的增长起到显著的促进作用。

（三）小结

通过上文对我国物流业与区域经济发展的定量分析，可以得出以下结论。

首先，通过协整分析的结果可以看出我国经济的发展受居民消费水平影响较大，居民消费水平每增加 1 元，*GDP* 增加 0.701 4 亿元。目前零售业正处于变革时期，将互联网应用于零售业已成为当前的趋势，要大力发展物流配送、电子商务等多种方式。但是，物流与经济发展还存在很多的问题和矛盾，如物流业效率低下、商品成本太高、渠道不清晰等问题。对于市场上目前存在的问题，我国政府应发挥市场的推动作用，为企业、商铺提供自由竞争的市场，同时应对小企业给予广泛的关注，积极推广以互联网为平台的销售模式，提供透明化的商品运输模式，合理运用现有的技术手段、销售模式、运输方式，保证市场的正常运行。

其次，货运量对经济的发展也存在部分影响。目前，我国物流行业发展规模持续壮大，且在国内外均有涉足，物流业在我国经济发展中的地位逐渐上升，但目前物流业的发展并不能完全促进我国经济的发展，且专业物流人员较少，在物流过程中缺乏专业性的建设意见。协整分析结果表明，货物周转量每增加 1 亿吨千米，*GDP* 增长 0.422 1 亿元。因此，根据实证分析以及目前物流业的发展，应完善物流业基础设施建设，加大对运输方式的投资建设，减少物流管理费用，减少运输过程中的空车事件，调整运输价格，使运输价格更具合理性；增加专业物流人员的供给，推进物流各节点间的整合，优化物流网络结构；依托"互联网+"，利用并改进现有的信息共享平台整合运输车辆信息，减少物流运输过程的冗余环节，降低物流成本，实现利用效率最大化。

最后，公路里程对我国经济发展的影响较小。目前我国在运输方式上存在多样性，海运、陆运、空运等方式发展迅速，公路运输不再是唯一的运输方式。但公路里程对经济发展也有部分影响。实证结果表明，公路里程每增加 1 万千米，*GDP* 增长 0.259 5 亿元。因此，在发展全面多式联运的同时，也要加强对公路基础设施的建设，充分加强与"一带一路"沿线国家的联系，建立完备的长期合作规划，将物流合作的资源要素建设到位，利用好各个国家的优势，全面提高沿线国家的物流建设水平。

因此，为提高经济的发展，要加强物流体系的建设，创造出良好的物流条件。调整目前消费市场的运行结构，充分利用物流领域，利用市场促进物流业的发展。充分利用智能化物流基础设施，优化物流体系中运输、装卸搬运、信息整合等各功能间的联系。合理利用与"一带一路"沿线各国间的关系，充分发挥沿线国家本土的优势，同时稳定本国物流发展也是很有必要的。

四、国际物流绩效对出口贸易影响的实证分析——以中国为例

建设丝绸之路经济带和 21 世纪海上丝绸之路，是以习近平同志为核心的党中央作出的重大决策，旨在促进全球资源高效配置和市场深度融合，推进沿线国家和地区更高水平发展，实现我国与"一带一路"沿线国家和地区更高水平和更深层次的合作。其中，"一带一路"倡议中所提出的贸易畅通和资金融通是充分发挥"一带一路"沿线国家和地区资源禀赋优势和提高区域经济发展的重要支撑。

"一带一路"沿线国家的物流基础设施建设和物流服务水平（或者说这些国家的国际物流绩效）对中国出口贸易有多大影响呢？研究上述问题，对中国对外贸易的发展具有重要的现实意义。霍尔韦格和王曼亨（2009）的研究表明，国际贸易与物流绩效之间存在显著的正向关系。林青（2009）

基于贸易成本视角分析了国际物流对国际贸易的促进作用，认为国际物流效率的提高会降低贸易成本，从而促进国际贸易的发展。黄伟新（2014）运用贸易引力模型实证分析了"丝绸之路经济带"物流绩效对我国机电产品出口的影响。发现国际货物运输能力、运输服务质量、追踪服务质量和清关效率对中国机电产品的出口具有显著的影响。康晓玲（2016）等运用引力模型，分析了"丝绸之路经济带"国际物流绩效对中国农产品出口的影响，实证研究发现，国际物流绩效的改善对中国农产品的出口具有促进作用。

本章选取"一带一路"沿线 67 个国家的横截面数据，将物流绩效指标加入到扩展的贸易引力模型中，探究当前物流绩效综合指数以及各个分指标对中国出口贸易的影响。

（一）"一带一路"沿线国家国际物流绩效情况

物流绩效指数（LPI）是由世界银行提出的用以衡量世界各国物流发展水平的指标体系，该指标可以比较全面地反映各个国家当前的物流状况。在 2012 年世界银行发布的研究报告中，物流绩效指数涉及如下 6 个指标：①清关效率，即包括海关在内的边境管理部门在清关过程中的办事效率；②物流基础设施质量，即与贸易和货物运输相关的基础设施（港口、铁路、公路和信息技术）质量；③国际运输便利性；④物流服务（运输公司、报关代理机构）质量；⑤追踪货物能力；⑥货物运输及时性。LPI 及其 6 个具体指标数值范围从 1 至 5，数值范围内数值越高，说明改善程度越好。根据这些指标，我们可以看到各个国家物流建设水平在总体以及细分的 6 个方面存在的差异性。因此，选择物流绩效指来探究"一带一路"沿线国家的国际物流绩效状况也是一个不错的选择。

从表 2-4 给出的结果来看，"一带一路"沿线国家国际物流绩效的差距较为明显。2018 年德国物流绩效指数得分最高，达到 4.20，排名世界第 4位；中国物流绩效指数得分 3.61，排名世界第 26 位；中亚五国物流绩效指数得分均在 2.5 分左右。从分项指标来看，中亚五国的各个分项指标均低于欧洲发达国家。在物流基础设施质量、货物可追溯性、货物运输及时性等方面与欧洲发达国家有较大差距。另外，从海关效率、国际运输便利性来看，欧洲国家在这两方面分值均低于其物流绩效指数，说明在这两方面欧洲国家是薄弱环节，接下来需要在提高海关效率、国际运输便利性这两方面给予更多关注。

表 2-4　2018 年"一带一路"沿线主要国家区物流绩效指标及分项指标

层次	地域	主要地区	LPI	海关效率	物流基础设施质量	国际运输便利性	物流服务能力	货物可追溯性	货物运输及时性
		中国	3.61	3.29	3.75	3.54	3.59	3.65	3.84
		中亚五国							
核心区	中亚经济带	吉尔吉斯斯坦	2.55	2.75	2.38	2.22	2.36	2.64	2.94
		土库曼斯坦	2.41	2.35	2.23	2.29	2.31	2.72	2.56
		哈萨克斯坦	2.81	2.66	2.55	2.73	2.58	2.78	3.53
		塔吉克斯坦	2.34	1.92	2.17	2.31	2.33	2.33	2.95
		乌兹别克斯坦	2.58	2.10	2.57	2.42	2.59	2.71	3.09
		中亚、俄、印、巴、西亚							
重要区	环中亚经济带	俄罗斯	2.76	2.42	2.78	2.64	2.75	2.65	3.31
		阿富汗	1.95	1.73	1.81	2.10	1.92	1.70	2.38
		印度	3.18	2.96	2.91	3.21	3.13	3.32	3.50
		巴基斯坦	2.42	2.12	2.20	2.63	2.59	2.27	2.66
		伊朗	2.85	2.63	2.77	2.76	2.84	2.77	3.36
		土耳其	3.15	2.71	3.21	3.06	3.05	3.23	3.63
		沙特阿拉伯	3.01	2.66	3.11	2.99	2.86	3.17	3.30
		环中亚地区、欧洲、北非							
扩展区	亚欧经济带	德国	4.20	4.09	4.37	3.86	4.31	4.24	4.39
		法国	3.84	3.59	4.00	3.55	3.84	4.00	4.15
		英国	3.99	3.77	4.03	3.67	4.05	4.11	4.33
		意大利	3.74	3.47	3.85	3.51	3.66	3.85	4.13
		乌克兰	2.83	2.49	2.22	2.83	2.84	3.11	3.42
		埃及	2.82	2.60	2.82	2.79	2.82	2.72	3.19

数据来源：世界银行公开数据库网站。

（二）国际物流绩效对中国出口贸易影响的实证分析

1. 模型构建

引力模型最早由丁伯根（Tinbergen）和珀于赫宁（Poyhonon）在对贸易规模、各国 GDP 以及两国之间距离的关系进行研究时引入到国际贸易领域。此后许多学者对该模型进行了深入研究，并在原始模型的基础上进行了扩展。为探讨"一带一路"沿线国家现有的物流通道能力，了解当前"一带一路"沿线国家的物流基础设施、运输的便利性等是否会对中国出口贸易造成影响，本文选取物流绩效（LPI）这个指标，在基本引力模型上，引用国际物流绩效、对外贸易依存度等解释变量，同时加入该国是否靠海、是否加入上海合作组织、是否与我国签订自由贸易协议这三个虚拟变量，选取 2018 年"一带一路"沿线 67 个国家的截面数据进行回归，构建如下回归方程：

$$\ln EXP_{ij} = \beta_0 + \beta_1 \ln GDP_i + \beta_2 \ln GDP_j + \beta_3 \ln DIST_{ij} + \beta_4 \ln DEP_i + \beta_5 \ln DEP_j +$$
$$\beta_6 \ln LPI_i + \beta_7 \ln LPI_j + \beta_8 LOC_j + \beta_9 SCO_j + \beta_{10} PLY_{ij} + \mu_{ij} \qquad （1）$$

式（1）中，EXP_{ij} 表示中国对 j 国的出口额；GDP_i、GDP_j 表示中国、j 国的国内生产总值；$DIST_{ij}$ 表示中国首都与 j 国首都之间的直线距离；DEP_i、DEP_j 为对外贸易依存度，以商品进出口贸易额占 GDP 比重衡量；LPI_i、LPI_j 表示中国、j 国的国际物流绩效，用物流绩效指数表示；LOC_j 表示 j 国的地理位置，沿海国家该值为 1，否则为 0；SCO_j 表示 j 国是否加入上合组织，如果该国加入该组织取值为 1，否则为 0。PLY_{ij} 表示 i、j 两国间是否签订自贸协定，若与我国签订自由贸易协议，则该值为 1，否则为 0；β_0 为常数项，β_k（k=1，2…，10）为解释变量的回归系数，μ_{ij} 表示误差项。

物流绩效指数共涉及清关效率、物流基础设施质量、国际运输便利性、物流服务质量、追踪货物能力、货物运输及时性 6 个指标。由于国际物流中不同环节的绩效改善都会对中国的进出口贸易产生不同的影响，为了具体考察物流绩效（LPI）的各分项指标对中国出口的影响状况，以便提出有针对性的对策建议，本研究在总体回归后，又采用 LPI 的 6 个分项指标作为物流绩效的替代变量，从而得到 6 个分项指标的计量方程。

2. 数据来源及说明

基于数据的可获得性，本研究选取"一带一路"沿线 67 个国家作为研究样本。本研究使用的中国和"一带一路"沿线各国 2018 年的国内生产总值（GDP）、商品进出口贸易额占 GDP 比重衡量（DEP）、各个贸易伙伴的 LPI 指数及其分项指标数值来自世界银行发展指数（World Bank Development Indicators）数据库[①]；中国对一带一路沿线国家的出口额，数据来自于 UN Comtrade 数据库；两国间的距离数据通过 Free Map Tools 获得[②]。

---

① 世界银行发展指数数据库网址：http：//www.worldbank.org.
② http：//www.freemaptools.com.

表 2-5 给出了 67 个样本主要变量的描述性统计分析结果。从均值、最大值、最小值来看，样本没有异常值；从样本数量来看，除对外贸易依存度（DEP）有缺失值，其他变量的样本数量均为 67；从最大值、最小值来看，一带一路沿线国家在经济规模（GDP_j）、到中国的距离（$DIST_{ij}$）、物流绩效状况（LPI）及其各项指标以及中国对各个国家的出口额（EXP_{ij}）方面有很大差异。在中国对沿线各个国家的出口方面，2018 年中国对越南的出口额高达 840.16 亿美元，而对土耳其的出口额仅有 0.03 亿美元；在经济规模方面，2018 年德国的 GDP 为 39 372.38 亿美元，约为同年不丹 GDP 总量的 1 668 倍；在双边贸易距离方面，"一带一路"沿线国家与中国双边贸易距离最近的是 1 270 千米（蒙古），最远则达到了 8 213.67 千米（法国）；而从 LPI 指数及其分指标来看，沿线国家绩效之间存在着巨大悬殊。德国的 LPI 指数为 4.20，而阿富汗的物流绩效指数只有 1.95。因此，要想进一步挖掘中国与"一带一路"沿线国家之间的贸易潜力，物流绩效的改善可以抵消长途货运所带来的贸易成本。

表 2-5　主要变量的统计特征描述

变量	均值	标准差	最小值	最大值	样本数量
EXP_{ij}（亿美元）	146.72	216.27	0.03	840.16	67
GDP_j（亿美元）	4 345.35	8 035.14	23.6	39 372.38	67
$DIST_{ij}$（千米）	5 848.91	1 819.79	1 270	8 213.67	67
DEP_j（%）	106.77	10.49	80.73	130.04	61
LPI_j	2.99	0.54	1.95	4.20	67
$Tracing_j$	3.02	0.60	1.70	4.24	67
$Timeliness_j$	3.40	0.52	2.38	4.41	67
$Services_j$	2.94	0.59	1.91	4.31	67
$Shipments_j$	2.94	0.51	1.80	3.99	67
$Infrastructure_j$	2.87	0.64	1.81	4.37	67
$Customs_j$	2.78	0.54	1.73	4.09	67

3. 实证结果及分析

（1）总体回归

运用 stata14.0 软件，对 2018 年的横截面数据采用普通最小二乘法

（*OLS*）来考察 *LPI* 指数对中国出口贸易额的回归情况，并且回归时使用 *OLS* 估计量的聚类稳健估计来解决模型中存在的同方差、自相关问题。本研究先是选取基本引力模型中的两个变量（经济规模与两个国家之间的距离）进行回归，然后逐步引入新的解释变量，表 2-6 为本文的逐步回归过程及其结果，从中可以得到"一带一路"沿线国家物流绩效对中国出口贸易影响的回归分析拟合结果：

$$ln\ EXP_{ij} = 12.11 + 0.51ln\ GDP_j - 1.72ln\ DIS_{ij} - 0.02ln\ DEP_j +$$

$$3.58\ ln\ LPI_j + 0.71lnLOC_j + 1.23ln\ SCO_j + 0.61ln\ PLY_{ij} \quad\quad (2)$$

表 2-6 "一带一路"沿线国家国际物流绩效对中国出口贸易的影响

基本引力模型		扩展引力模型				
		（1）	（2）	（3）	（4）	（5）
常数项	9.74 ***	26.74 ***	23.70 ***	25.40 ***	15.35 ***	12.11 ***
	（2.79）	（2.82）	（2.80）	（3.02）	（4.04）	（4.00）
lnGDP_j	0.86 ***	0.82 ***	0.64 ***	0.60 ***	0.50 **	0.51 **
	（6.97）	（6.76）	（3.15）	（3.01）	（2.20）	（2.27）
ln$DIST_{ij}$	−1.41 ***	−1.83 ***	−2.17 ***	−2.28 ***	−2.12 ***	−1.72 ***
	（−3.9）	（−4.33）	（−3.96）	（−4.58）	（−5.02）	（−5.27）
lnDEP_j		−2.79 *	−1.91 *	−2.09	−0.02	−0.02 *
		（−1.86）	（−1.53）	（−1.65）	（−1.65）	（−1.75）
lnLPI_j			2.85 *	2.72 *	3.73 *	3.58 *
			（1.73）	（1.69）	（1.95）	（1.91）
LOC_j				0.67 **	0.84 ***	0.71 **
				（2.59）	（3.18）	（2.34）
SCO_j					1.09 **	1.23 **
					（2.28）	（2.46）
PLY_{ij}						0.61 *
						（1.79）
F 统计值	46.54	44.18	48.53	57.22	46.53	41.64
调整后 R^2	0.54	0.55	0.57	0.59	0.61	0.62

注：括号内为 t 统计量，*、**、*** 分别表示 1%、5% 和 10% 的置信水平。

从结果可见，随着解释变量的逐渐加入，回归的拟合优度值（R^2）是逐渐增加的，说明模型的解释能力在逐渐增强。从回归系数来看，在其他因素不变的情况下，*LPI* 在所有影响因素中排在首位，对进出口贸易的弹性系数为 3.58，说明"一带一路"沿线国家的物流绩效总体水平每提高 1%，中国出口贸易额就会增长 3.58%，另外两国之间的距离系数为 -1.72，对中国出口贸易的影响排名第二，且空间距离每提高 1%，中国出口贸易额就会减少 1.72%。另外这些因素都通过了 10% 的显著性检验。

（2）*LPI* 分项指标回归

为了进一步研究 *LPI* 不同方面的改善对中国对"一带一路"沿线国家出口贸易的影响程度，本研究将物流绩效综合指数（*LPI*）分别用清关效率（*customs*）、物流基础设施质量（*infrastructure*）、国际货物运输便利性（*shipment*）、物流服务质量（*services*）、追踪货物能力（*tracing*）、国际货物运输及时性（*timeliness*）进行替代后回归，从表 2-7 的回归结果可以看出，和总体的回归结果一样，各分指标对中国出口贸易的影响程度均为正数，影响力排序分别为海关效率、国际运输便利性、物流运输服务、货物运输及时性、货物可追溯性、物流基础设施质量。其中货物运输及时性和物流基础设施质量通过 5% 的显著性水平，其余分项指标均通过 10% 的显著性水平。从回归系数来看，各分指标的系数在 2.5~3.5，且均大于其他解释变量的系数，这说明贸易的繁荣离不开贸易国物流绩效的改善，而各个分项的指标的改进都可以进一步降低成本。

表 2-7　LPI 分项指标对中国出口贸易额的回归结果

变量	海关效率	物流基础设施质量	国际运输便利性	物流服务能力	货物可追溯性	货物运输及时性
常数项	9.94*** (3.33)	13.17*** (4.01)	13.35*** (4.08)	12.68*** (4.17)	12.39*** (4.47)	11.21*** (3.37)
$\ln GDP_j$	0.53** (2.36)	0.54*** (2.87)	0.53** (2.36)	0.49* (1.93)	0.54** (2.59)	0.59*** (3.39)
$\ln DIST_{ij}$	-1.65*** (-5.11)	-1.74*** (-5.09)	-1.65*** (-5.06)	-1.71*** (-5.36)	-1.67*** (-6.18)	-1.62*** (-4.52)
$\ln DEP_j$	-0.01 (-0.17)	-0.16 (-1.45)	-0.04** (-2.15)	-0.02* (-1.84)	-0.02* (-1.73)	-0.02* (-1.80)
LOC_j	0.69** (2.27)	0.71** (2.37)	0.69** (2.27)	0.76** (2.53)	0.71** (2.31)	0.67** (2.20)
SCO_j	1.32** (2.30)	1.10** (2.62)	1.32** (2.26)	1.20** (2.35)	1.13** (2.52)	1.06** (2.53)

续表

变量	海关效率	物流基础设施质量	国际运输便利性	物流服务能力	货物可追溯性	货物运输及时性
PLY_{ij}	0.63* (1.85)	0.62* (1.75)	0.64* (1.85)	0.58* 1.76	0.60* (1.80)	0.67* (1.79)
$\ln Customs_j$	3.55* (1.72)					
$\ln Infrastruc\text{-}ture_j$		2.50** (2.10)				
$\ln Shipments_j$			3.48* (1.68)			
$\ln Services_j$				3.30* (1.70)		
$\ln Timeliness_j$					2.78* (1.95)	
$\ln Tracing$						3.08** (2.11)
F 统计值	38.77	44.33	38.21	46.22	40.97	41.07
调整后 R^2	0.63	0.61	0.63	0.62	0.62	0.61

注：被解释变量为 $\ln Exp_{ij}$；*、**、*** 分别表示 1%、5% 和 10% 的置信水平。

（三）小结

通过将 LPI 作为国际物流绩效的测量指标加入贸易引力模型，实证分析了"一带一路"沿线国家国际物流绩效对中国出口贸易的影响，可以得到以下两点结论：

其一，"一带一路"沿线国家国际物流绩效水平的整体提高会带来中国出口贸易的显著增加，并且"一带一路"沿线国家的物流绩效总体水平每提高 1%，中国出口贸易额就会增长 3.58%。

其二，"一带一路"沿线国家国际物流绩效的各项具体指标对中国出口贸易具有不同程度的影响，其中海关效率影响最大，其他依次为国际货物运输便利性、物流服务能力、货物运输及时性、货物可追溯性、物流基础设施质量。其中，物流基础设施质量和货物运输及时性在 5% 的水平上显著。

从上面的文献综述和实证分析结果可以看出，物流业发展对区域经济发展具有显著影响，而物流绩效对进出口贸易、进而对区域经济发展具有显著影响。中国 2018 年的国际物流指数为 3.61，居世界第 26 位，而"一带一路"沿线几乎所有的发展中国家的物流绩效指数都显著低于中国，与德国等发达国家的物流绩效指数相比有较大的差距，这也反映了"一带一路"国家在国际物流领域普遍存在着通关效率低、物流基础设施质量和国际运输便利性差、物流服务能力低等物流发展短板，因此推动"一带一路"物流基础设施建设、提升物流运作效率、消除物流短板具有重要的现实意义，对促进"设施联通"和"贸易畅通"具有直接的推动作用。

第三章　陆上物流通道和"空中丝绸之路"发展现状

"一带一路"倡议涉及的地域广大、国家众多、地形复杂，决定了"一带一路"物流体系将是一个相当复杂的长期系统工程，而且其中的高效的物流系统也将会是一整套相互支撑、有效协作的立体化物流网络。

就物流交通运输方式而言，"一带一路"的运输系统将涵盖国际海上运输、铁路运输、航空运输、管道运输、高速公路运输等各种基础交通运输方式，以及在此基础上进行优化与组合而形成的国际多式联运、国际大陆桥运输、中欧班列等新型的交通运输方式，以及国际邮政物流和跨境电商物流等专门的物流形式。从物流通道看，"一带一路"物流体系可以分为海上丝绸之路、陆上丝绸之路、空中丝绸之路、网上丝绸之路等。

从国际物流功能要素看，主要包括国际物流运输、存储、采购、包装、装卸搬运、流通加工、报关、报检和物流信息等功能子系统，各个子系统在空间、时间和数量规模上要合理配置，有效衔接和协作，才能发挥更大的物流效率和经济效益。由于存储、包装、装卸搬运等众多物流功能都是依托物流节点完成的，因此从物流体系宏观建设角度看，物流体系核心要素大致分为物流通道、物流节点两个方面。按照中国国务院出台的"一带一路"倡议的顶层设计和战略规划，"一带一路"的物流系统框架将主要分为海上物流通道（21 世纪海上丝绸之路）、陆上六大经济走廊（物流通道）和若干重点的物流枢纽节点。

陆上物流通道多数属于立体化综合性物流通道，陆上通道将逐步打造包括铁路、公路、管道、航空等立体化运输形式，以及集装箱运输、国际多式联运、冷链物流、跨境电商物流、国际快递、国际邮政运输等专门运输形式的综合性物流大通道，并辅之以电信、网络、能源基础设施，引导我们优势产业转移，带动资金、人员、技术、信息等要素优化配置，最终形成互利共赢的经济合作走廊。海上丝绸之路则通过串联一些重点战略性港口，形成辐射和服务整个"一带一路"的区域中枢；并且，海上丝绸之路还在不断延伸拓展中，并与陆上丝绸之路相互衔接融合，逐步形成闭环，连接了我国的各个主要贸易伙伴。

一、"一带一路"陆上物流通道的发展现状

（一）六大物流通道

根据"一带一路"倡议的总体战略规划，主要有6条陆上物流运输通道（经济走廊）：亚欧大陆桥物流通道、中巴物流通道、中蒙俄物流通道、中国—中亚—西亚物流通道、孟中印缅物流通道、中国—中南半岛物流通道。

1. 亚欧大陆桥物流通道

亚欧大陆桥的货运大通道是在亚欧大陆桥和新亚欧大陆桥这两条物流大通道的基础上设计的，是横贯亚欧大陆的两个重要货运大通道，依托已有的两条物流大通道将整个亚欧大陆的物流资源进行整合与流通。

一是指依托于第一亚欧大陆桥的物流通道，该物流通道东方起点是俄罗斯的海参崴和纳霍德卡等港口，经俄罗斯西伯利亚大铁路向西到达莫斯科，再经过白俄罗斯、波兰、德国，最后到达荷兰的鹿特丹港。该物流通道横贯整个亚洲北部地区，途经7个国家，总里程超过13 000千米。第一亚欧大陆桥物流通道对运送日本、韩国和中国东北的商品进出口欧洲各国、促进亚欧大陆国际贸易发挥了重要作用。

二是依托于新亚欧大陆桥（第二亚欧大陆桥）的物流通道，该物流通道全长约10 900千米，横贯亚欧两大洲，连通太平洋与大西洋区域，是一条便于实现海—陆—海一体化多式联运的国际物流大通道。与第一亚欧大陆桥物流通道相比，新亚欧大陆桥物流通道有以下几个突出的优点。第一，地理位置与天气条件良好。该物流大通道避开了高寒区域，且海港完全没有封冻期，系统吞吐量较大。第二，运送时间较短。第三，辐射面较宽。该物流线路覆盖了中东地区、亚洲、欧洲的40多个国家和地区，我国东部主要沿海城市都可以成为该物流通道的起点，可以联通日本、韩国、东南亚各国和部分大洋洲国家的港口，形成许多新亚欧大陆桥物流通道的延伸航线。同时，在中国境内又开辟了郑新欧、渝新欧等一些高速铁路的延伸线，这些路线遍及国内中西部地区的许多省份，以逐步拓展新亚欧大陆桥物流通道的辐射区域。

三是依托拟开展建设的第三亚欧大陆桥的国际物流通道。第三亚欧大陆桥的东方起点是以深圳港和广州港为代表的华南港口群，通过铁路向西经我

国广西、云南，途经缅甸、孟加拉国、印度、巴基斯坦、伊朗、土耳其，而后进入欧洲最终到达荷兰的鹿特丹港，横贯亚欧大陆21个重要国家，全长约15 000多千米，较目前经东南沿海穿越马六甲海峡、通往印度洋经苏伊士运河到欧洲的路程要缩短近3 000千米。该物流通道远离高寒和荒漠地带，主要海港无封冻期，并基本与海岸线平行，紧密连接全球许多主要海港和经济体，可以改善中亚地区向两端的能源供应能力以及欧洲产品加工的运输循环。"第三亚欧大陆桥"目前只是学术探讨中的物流通道，陆上铁路通道并未贯通。由于中印、印巴之间都存在因领土争端而形成的信任障碍，加上中东地区局势动荡，该物流通道打通的前景并不乐观。

2. 中巴物流通道

中巴经贸走廊建设项目是"一带"与"一路"的重要汇聚点和枢纽。随着该项目的引进，中巴物流通道的建设项目已小具规模。该通道将是集公路、铁路、石油管道、天然气管道、光缆铺设于一身的综合型物流通道。中国西部地区的货物经由中巴物流通道可以抵达非洲和欧洲的部分发达国家，将中国西部地区和非洲、欧洲等国家联系起来，增加了对中国西部地区尤其是新疆地区开放的力度。另外，从中东地区运来的石油可通过瓜达尔口岸，沿中巴物流通道直接进入中国，建立后方能源通道，有利于我国能源供应的多元化，维护能源安全。

3. 中蒙俄物流通道

中蒙俄物流通道的起点是中国的京津冀地区与东北地区，途经蒙古国，最后抵达俄罗斯。该物流通道主要包括两个途径：第一是华北通道，从天津港到二连浩特，然后到达蒙古国和俄罗斯；第二是东北通道，通过哈大线串联滨洲线，经满洲里口岸出境接入俄罗斯西伯利亚大铁路，重点服务东北三省、内蒙古东部的出口贸易。中蒙俄运输通道利用管道、口岸、高速公路和光缆把中、蒙、俄三者连接起来，以加速促进中、蒙、俄之间日益加强的经济社会发展共生伙伴关系。中、蒙、俄三者的经济社会发展结构具有较强的互补性，蒙、俄都具有充足的原油、天然气、煤炭等资源，而我国则为主要能源进口国家；由于我国为制造业大国，而蒙、俄两国在轻工业产品生产制造方面有明显不足，中蒙俄物流通道的建立，促进了中、蒙、俄能源和资源的合作开发，也增加了中、蒙、俄贸易往来的密切程度，促进了地区区域规模市场经济的形成。

4. 中印孟缅物流通道

出于地质条件、历史航线以及目前计划的考虑，我国同印度、孟加拉国、缅甸的物流通道可能有四条路线：一是由云南省腾冲，经缅甸密支那抵达印度的雷多港；二是由云南昆明经瑞丽口岸至缅甸的曼德勒，然后再向西经马奎抵达皎漂港；三是从昆明经瑞丽边境口岸到达缅甸的曼德勒，再经过内比都最后抵达仰光；四是从缅甸皎漂港经孟加拉国吉大港，再穿过印度东北部的城市达卡，最后抵达加尔各答。尽管我国西南部地区、印度以东区域、缅甸与孟加拉地区相对而言条件均不成熟，且此前邦省级别的经济合作受限，但通过建立中、印、孟、缅运输走廊，将可以促进东南亚经济发展中关键地区的联合发展。

5. 中国—中南半岛物流通道

中国—中南半岛的物流通道：在海运方面，珠江三角洲、北部湾和长江三角洲口岸群可以从海洋航道上直接和除老挝以外的所有中南半岛及邻近各国衔接；在高速公路物流方面，中国的广西南宁和云南昆明可直接利用边境港口与越南、老挝衔接，从而进一步向南直接辐射至泰国和柬埔寨等邻国；在铁道运输方面，中老铁路、中泰铁路和雅万高速铁路等区际铁路的建设已获得了重大进展，而泛亚铁路东线也已顺利完成了可行性研究，随着铁路建设的逐步深入，未来轨道交通也将在该物流大通道中起到越来越关键的作用，将逐步形成以轨道交通主导，以公海运物流为辅的中国乃至中南半岛重要的南北方向物流格局。

6. 中国—中亚—西亚物流通道

中国—中亚—西亚物流通道由新疆出发，抵达波斯湾、地中海沿岸和阿拉伯半岛，主要涉及中亚五国、伊朗、土耳其等国，是丝绸之路经济带的重要组成部分。原计划的中吉乌铁路是该战略物流通道建设的关键项目，由于多种原因，一直没有取得进展。

7. 六大物流通道与我国国内物流通道的衔接

随着六大通道的建设与实施，我国国内运输结构将随之发生改变。"一带一路"是统筹国际物流体系的建设构想，为了应对国际环境的变化和国内经济发展面临的复杂形式，"一带一路"物流通道的建设项目需要和国内重要物流通道的建设紧密衔接。当前，我国境内的物流大通道可在东、南、西、北四个方向与"一带一路"的运输体系实现有效连接：一是向东，中国的环渤海区、长三角地区、中国海峡西岸、珠江三角洲地区、北部湾5个港口集群通过海运网络，与日本、韩国、东南亚、南亚、中东地区以及欧盟国家建立海运物流网络，中西部区域也可利用中国境内的铁路、公路和水运等物流方式把商品运往中国东部的港口集群，然后出海。二是向南，着力畅通京港澳、沪昆、呼昆、珠江西江四条重要国内物流大通道，加快推动中国内陆地区通过桂、滇、粤港澳等沿边地区与孟中印缅运输廊道、中南半岛物流廊道的衔接，辐射东盟和南亚。三是向西，在中国内陆的许多地方都可以连接新亚欧大陆桥，推进中国与中亚、欧盟之间的外贸物流。未来我国各地商品都将采用"X新欧"的形式向西出口，形成我国向西贸易的新格局。四是向北，充分开发满洲里、二连浩特等国际口岸的重要功能，积极开辟中国东北、华北以及整个腹地区域与蒙、俄之间的重要战略通路，并使中国内陆地区与蒙、俄之间的战略通道对接，为中国东北的进一步开放、繁荣提供空间。

（二）中孟印缅物流通道发展现状

中孟印缅物流通道共有昆明—瑞丽—曼德勒—内比都—仰光、腾冲—密支那—雷多、皎漂港—吉大港—达卡—加尔各答、昆明—瑞丽—曼德勒—马奎—皎漂港4条主要骨干通道。

1. 云南腾冲—缅甸密支那—印度雷多物流通道现状

中印双方的主要交通运输道路，大致是经云南省腾冲至缅甸密支那至勐拱至印度雷多线，即史迪威高速公路，该高速公路是1944年开始修建的。从史迪威公路的状况来看，目前与我国境内的昆明—腾冲公路联通；铁路运输方面昆明至大理现已通车，而大瑞（大理—瑞丽）铁路虽还未开通，但已经迈入线上主体工程施工阶段。目前史迪威高速公路的西车辆段，即从印度雷多延伸至印缅边界的59千米段处存在年久失修的状况，且自然灾害不断，已无法行驶。而在从密支那至印缅边界的200多千米路段，经过克钦邦的高山峡道地区时，仅存在一段长期失修、砂石铺设的最低等级路面，且自然灾害时有发生，道路时断时通。总的来说，该物流道路与货运设施的联通情况并不好，且基本处在"联而不通"或"不连通"的状况。

2. 中缅"人字形"物流通道现状

在铁路方面，中、缅两国从2010年开始衔接并商议建设皎漂—昆明铁路项目，但由于当地发生冲突，该项目被搁置，直至"一带一路"倡议提出，中缅铁路的建设才提上日程。2018年，中缅双方签订了木姐—曼德勒铁路工程可行性研究备忘录，并签约了工程建设联合意向。中缅铁路从我国云南昆明向南至缅甸仰光，总里程约1 920千米，其中缅甸境内段长1 230

千米，我国境内段全长近 690 千米。中缅铁路境内段昆广大线已在 2018 年 7 月通车，中缅铁路境外段木姐—曼德勒线也已完成了项目可行性研究。

港口方面，在 2018 年中缅双方签订了建设皎漂港框架协议，搁置三年的皎漂深水港项目重启，项目第一期计划投资 13 亿美元。皎漂港正式开工后，曼德勒—皎漂港公路、铁路等立体化交通网络建设也将提上议事日程。项目建成后既可促进皎漂当地经济的发展，又可以在一定程度上解"马六甲海峡之困"，未来皎漂港还将是中转货物至孟加拉国吉大港和印度加尔各答口岸之间的主要枢纽。

3. 缅甸皎漂港—孟加拉国吉大港—达卡—印度加尔各答物流通道现状

目前，皎漂港至吉大港段中间没有缅、孟间的跨国大道与铁道连通，而在孟加拉湾的深水港口中间则主要依赖海运连通。在孟加拉国边境，吉大港至达卡段中间目前只有一段高速可以通行，但因为货物量大，该高速时常出现堵塞。另外，孟加拉国当局也正在建设达卡—吉大港段的客货两用线路。该道路西段达卡至加尔各答的 245 千米跨国大道可以通行，该道路也是孟加拉国和印度之间的主要陆上贸易大通道，每日大批的国际客运汽车从孟加拉国 Benapol 港口出入境；另外，吉大港—加尔各答港口的海上交通相当顺畅。中、孟之间由于没有陆上的接壤，贸易往来主要依赖海上运输，由吉大港与我国东南部沿海地区各口岸提供支持。

（三）中蒙俄物流通道发展现状

蒙古与俄罗斯对外贸易建设相对滞后。目前蒙古的外贸道路大部分是经由中国、俄罗斯和白俄罗斯完成转运，路程远、成本高，而且其货物贸易交易基本上是经由铁路进行的。而俄罗斯远东地区仅有两条铁路运输线。近年来，随着中、蒙、俄三国之间的合作力度不断增加，蒙、俄在基础设施建设方面有了很大的提升，有利于中蒙俄物流通道项目的建设推进。

公路建设方面，中、蒙、俄已建成我国境内与蒙古国连接的四条公路。乌兰巴托新国际机场高速项目已建成，极大地改善了蒙古国中西部区域的交通状况，为地方经济的发展提供了强力保障。至 2019 年，中俄黑河公路桥已合龙通车。

铁路方面，在中、俄之间，滨洲铁路 2014 年开始进行电气化工程改造，2017 年底已经实现全线电气化，同俄罗斯西伯利亚大铁路接轨。策克口岸的跨国大通道建设项目，已于 2016 年 5 月 26 日正式启动施工。2020

年 3 月，中俄同江铁路大桥项目俄方施工人员已完成了同中国段架设的所有钢梁拼装合龙，标志着同江中俄大桥的全线贯通。

港口建设方面，中、俄双方共有 6 个主要陆上边境港口，其中 4 个主要对俄边境港口承担了中国同俄罗斯之间陆上交通物流总量的 65%。从国内情况看，内蒙古自治区现已形成了满洲里、二连浩特、甘其毛都和策克四个口岸，全部实现了年均出入境货运量 1 000 万吨。2018 年，乌力吉公路口岸进行了全面建设。

油气管道方面，中俄石油管线被称为我国四大能源战略管线之一，该原油管线主要包括一线和二线的建设。一线起于俄国远东管线斯科沃罗季诺分输站，经我国黑龙江省和内蒙古自治区的 13 个市、县，止于中国大庆末站，管线在俄罗斯境内段总长约 72 千米，在我国境内总长约 927.04 千米，于 2011 年开始投入运作。截至 2017 年 10 月，中俄原油管路一线已累计向我国输出石油 10 754 万吨。中俄石油管道二线工程规划管道总长度为 941.80 千米，起于黑龙江漠河输油站，经黑龙江、内蒙古两省，终点站设在黑龙江林源输油站，该工程项目 2016 年开始兴建，2018 年开始运作，年均输油 1 500 万吨，加上原油管线一线，年输油能力达到 3 000 万吨。中俄东线天然气管网起于中国黑龙江省黑河市的中俄边界，经过蒙古国和中国的 7 个省市到达终点上海市，新建管线总长为 3 371 千米，2019 年 12 月正式通气。

（四）中巴物流通道发展现状

中巴物流通道的项目建设正在有序推进。

公路运输方面，白沙瓦至卡拉奇公路总长 1 152 千米，南经木尔坦、费萨拉巴德、伊斯兰堡等重点市镇，北至西北重镇白沙瓦，是横贯整个巴基斯坦南北的公路交通主动脉，全线通车后对保持其社会稳定、促进沿途地方经济与社会发展、提高内部环境的互联互通水准，有着重大意义。而白沙瓦—卡拉奇公路"苏木段"是中巴物流通道在建的最大的道路基建工程项目，总长约 392 千米，该项目于 2016 年 8 月开始施工，已于 2019 年 7 月竣工，极大地改善了当地的交通状况。

轨道方面，相关方于 2017 年 5 月签订 ML-1 铁路干线项目框架合同，该路段分三期完成，2020 年 6 月 6 日 PC-1 项目获得批准。除对铁路的提升改造以外，中巴物流通道还需要推进陆上港口建设，以满足未来的集装箱化物流需要。由于哈维连站正处在中巴物流大通道上，距中巴边界约680千米，在商贸交流方面，哈维连站也能够进行运输安排和装卸货物，所以建立哈维连陆港是至关重要的，该项目已于2017年5月签订了框架合同。

瓜达尔港是巴基斯坦境内的重要港口，是中巴运输大通道工程的终点站。瓜达尔港目前有9个在建工程项目，自中方公司接手后，港口内增加了5台集装箱桥吊，并新增了10万平方米码头以及最完善的集装箱扫描装置。2018年，大港的一期扩建工程项目已经完工，修复港区路面、码头，增设码头处理设施，提升供油、海水淡化和污水处理设备，铺设港区监测设备等其他工程项目建设有序展开。现在瓜达尔港口岸可办理散货、集装箱、滚装运输、石油液化气等各项业务，现已形成全作业能力。2016年11月，在瓜达尔港口进行了公开营业。2018年3月7日，中国中远海运集装箱运输公司开通了巴基斯坦瓜达尔中东快航，并开始停靠瓜达尔港。

目前，瓜达尔深海港口通过西湾瓜达尔镇狭窄的通道连接。所有装载进口货物的船舶和车辆都要通过该地带，港口没有专用的宽阔公路来满足邮政的运输要求。中、巴两国政府将建设东湾高速公路。该项目于2017年9月签订合约协议，同年11月份开始施工，2020年竣工。根据瓜达尔自贸区建设规划，瓜达尔自贸区总占地面积约923公顷，分四期进行建设。一期2017年12月完工，次年1月开园，并同时举办了首届瓜达尔国际商品展销会。此外，建设新瓜达尔国际机场（NGIA）及新机场的相关设施，这些设施将能够处理ATR72、空客（A-300）、波音（B-737）和波音（B-747）起降，适用于巴基斯坦国内和国际航线，该项目在2017年5月签署拨款协议，2019年10月开始施工。

（五）中国—中南半岛物流通道发展现状

公路方面，昆曼公路起点为我国云南省昆明，终点为泰国首都曼谷，全程约1 880千米，全线包括三段：中华人民共和国境内段、老挝段、泰国境内段，途经三个国家。昆曼公路小磨高速公路已于2017年9月正式通车运营，缩短了中、老、泰三国贸易运输的往来时间。

铁路方面，我国与印度尼西亚全面合资的雅万高铁（印尼雅加达—万隆高铁）是我国高铁首个全体系、全要素、全产业链迈出国门、迈向全球的高铁项目。雅万高铁总长142千米，最高工程设计时速350千米。2015年10月16日，我国和印尼成功签约雅万高铁建设项目；2017年4月4日，雅万高铁总承包项目（EPC）工程合同在印尼雅加达签订，这标志着雅万高铁建设项目步入实施时期。2018 年 7 月，雅万高速公路工程全面启动；2020 年 4 月 26 号，雅万高铁 3 号隧道成功贯通。

中老铁路为泛亚铁路中线的主要部分，北起中老边界磨憨市，南至老挝首都万象市，途经老挝孟塞、琅勃拉邦、万荣等主要市镇，总长约 418 千米，其中 60% 以上都是大桥和隧道，2015 年 12 月开始奠基，2020 年 7 月 3 日万象站正式开工，到 2021 年 12 月底正式通车。

航运方面，我国已与柬埔寨、马来西亚开展国际航权合作，与东南亚多国政府签订了双边航空运输合同。

原油管道方面，2019 年 1 月，中缅油气管线的建设投运标志着我国东北、西北、西南和海洋四条主要石油进口管线的新格局已经基本形成，不仅为我国石油进口的多元化布局提供了西南新途径，更关键的是打通了中缅油气进出口新渠道，有效地解决了当地燃料不足的难题。中缅石油管道是中方在缅投入资金最大的国际重大战略能源合作项目，同时也是缅甸国内最主要的能源动脉和重要能源设施。截至 2020 年 6 月，中缅石油管道已累计向中方输油逾三千万吨。

总体来说，在"一带一路"倡议提出之后，六大物流通道建设逐步走向实践操作层面，结合六大物流通道上国家的实际情况，有效地保障和推动了物流通道的建设，为国家之间的贸易往来提供了很好的设施基础。

（六）亚欧大陆桥通道发展现状

1. 亚欧大陆桥概述

亚欧大陆桥在一般意义上是指在亚欧大陆为让各国的贸易往来可以有效进行而打造的铁路运输线；在完整的规划中一共是 5 条线路，随着建设的不断进行，目前已经有三条开始运作，其他的仍然在计划当中。第一亚欧大陆桥横贯亚洲北部，以俄罗斯的符拉迪沃斯托克（海参崴）为起点，最终目的地为荷兰的鹿特丹港，途经的各个国家之间能够借此开展贸易往来。

第二亚欧大陆桥，又称"新亚欧大陆桥"，1992 年投入使用，起点是中国的连云港，终点是荷兰的鹿特丹港，途经中国的 8 个省（自治区），65 个地、市、自治州的 430 多个县、市，最后从中哈边境的阿拉山口出国境，连接中亚、中东、欧洲 40 多个国家和地区，横跨亚洲和欧洲，连接太平洋和大西洋，是一条以铁路为主要运输方式的综合运输通道。该大陆桥纬度低，经济腹地广阔，连接欧洲和东亚两大国际经济重心以及中东、中亚等国际能源中心，经济辐射面广，发展中国家可以借此加速本国产业结构升级，促进经济发展。

第三亚欧大陆桥计划从我国的深圳出发，向西经广西、云南，途经缅甸、印度、巴基斯坦、伊朗，然后继续西行进入土耳其，最后到达欧洲，和前两条线路交会，最后目的地是荷兰的鹿特丹港。该大陆桥在所有的亚欧大陆桥里是总里程最长的一条线路，总体构想里程超 15 000 多千米。横贯亚欧 21 个国家，该大陆桥目前仍处于理论探讨阶段，并未全线贯通。

2. 新亚欧大陆桥运营情况

（1）亚欧大陆桥沿线地区的货物运输量和周转量大幅度提高

新亚欧大陆桥开通后促进了沿线地区交通运输业以及物流业的发展。根据沿线八省（自治区）统计年鉴的相关数据以及现实情况，从 1992 年到 2000 年，新亚欧大陆桥沿途省（自治区）铁路货物运输量由 35 195 万吨增长到 44 530 万吨，年均增长超过 1 000 万吨。如图 3-1 所示，2018 年运输量达到 111 966 万吨，约为 1992 年的 3.18 倍。从全国来看，1992 年全国铁路货运量为 157 627 万吨，途经省（自治区）铁路货物运输量占全国比重的 22%；2020 年全国铁路货运量为 455 236 万吨，途经省（自治区）的铁路货运量增加至全国比重的 28%，上升了 6 个百分点，总体上一直呈上升趋势。

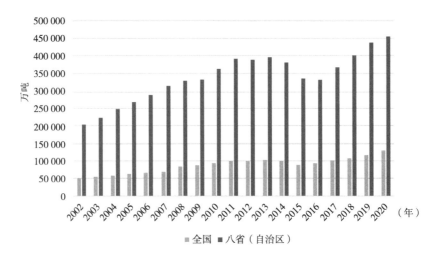

图 3-1　2002—2020 年全国及新亚欧大陆桥沿线八省（自治区）铁路货运量

数据来源：国家统计局。

（2）新亚欧大陆桥货物运输量不断增加

新亚欧大陆桥货运线成功开通后货物运输量不断增加，其中阿拉山口铁路过货量如图 3-2 所示。1991 年新亚欧大陆桥还没有开通，当年阿拉山口的铁路过货量仅为 16 万吨，到 2019 年时这个数值已达到 1 335 万吨，约是 1991 年的 85 倍，据此可见新亚欧大陆桥的开通对我国与亚欧国家的外贸发展具有重要且积极的作用。在此期间，由于受到 2008 年金融危机影响，阿拉山口金融铁路过货量在 2007 年和 2008 年之间出现下滑；且由于金融危机导致多国货币贬值，对中国商品的出口造成了不利影响，而营业税改为增值税的举措又使得企业运营成本增加，订单也相应减少。2016 年后，阿拉山口过货量稳步上升。

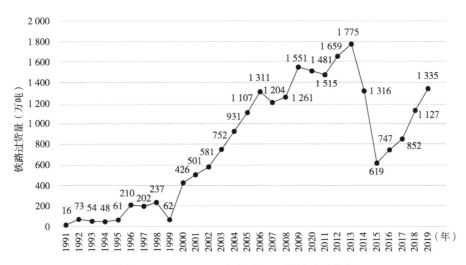

图 3-2　1991—2019 阿拉山口口岸铁路过货量

数据来源：阿拉山口市政府网。

3. 新亚欧大陆桥存在的主要问题

新亚欧大陆桥自从全线贯通以来，面临着多方的竞争压力，其中主要压力来自西伯利亚大陆桥（又名第一亚欧大陆桥）以及海运。除此之外，目前的国际铁路货物联运中还存在以下问题。

（1）运输时间成本高

从东亚到欧洲西部，选择新亚欧大陆桥要比选择第一亚欧大陆桥和海运的距离短很多，从理论上说，其相应的运输时间应该也有较大缩减，但在实际操作中，由于经过的口岸众多，且尚未形成统一的标准，通关效率低下，种种原因导致时间成本较高。由于各国的标准不一，难免会在检验以及其他工作环节存在分歧，进而可能导致扣车扣箱，甚至拆散整列出境的货物，这无疑都会增加总的运输时间，降低运输效率。

（2）运输费用增加

由于国际铁路的总运费是由多方面共同决定的，涉及各国的铁路、口岸以及海关等多个环节，再加上各国之间的协调有限，计量标准的差异使得途经各国的成本费用不能统一计算，这样很可能会导致运输费用不但没有减少，甚至还可能增加的局面。此外，另一个导致运输成本增加的原因是空箱返回现象严重，双向运输的货物运量并不能达到很好的平衡，东行空箱返回率高，要解决这一问题必须做到双向货源的充足和稳定。

（3）过境换装能力有待改善

新亚欧大陆桥建设是从我国开始的，我国的轨道为国际标准轨道，即直线轨距为 1 435 mm，但是其他国家的铁轨因为种种原因与我国的铁轨并不一致，同时在整个物流线上因为途经的国家很多，所以铁轨是不断变化的，这也决定了物流在运送路上必须不断更换货运列车，而这不断的换装，无疑会使整体的运输时间增长，而且在高峰阶段，口岸换装站的货物也会因此造成大量积压。

（七）中欧班列的运营情况及存在的主要问题

中欧班列物流通道属于亚欧大陆桥通道的变种，是当前陆上铁路物流通道的主要形式。

1. 中欧班列的运营情况

随着"一带一路"建设向纵深发展，我国与沿线国家的经贸畅通水平日益提高。其中，中国与欧盟成员国之间的国际贸易合作关系也不断迈上新的台阶。2020 年，中欧贸易总额为 4.5 万亿元，2021 年，该项金额已经超过了 5 万亿元，由此，中欧之间的贸易运输、物流需求等急剧增加。中欧班列对我国构筑全球陆海贸易新通道，加强我国与"一带一路"沿线国家的经贸往来与合作具有重大意义。在疫情期间，中欧班列发挥了重要作用，使我国的国际贸易顺利有序进行，对我国高效应对疫情、恢复常态化生产生活秩序做出了重大贡献。2021 年我国共有 68 个城市开通了中欧班列，全年开行量超过 1.5 万辆，同比增长 22.0%（图 3-3）。截至 2022 年 1 月底，中欧班列累计开行超 5 万列，运送货物超过 455 万标箱，货值高达 2 400 亿美元，我国累计与 147 个国家、32 个国际组织签署 200 多份共建"一带一路"的合作文件。中欧班列现在已经拥有三条贸易铁路运输通道，分别为西向、中向以及东向，以及五大运输口岸：阿拉山口、霍尔果斯、二连浩特、满洲里、绥芬河。截至 2021 年中旬，中欧班列已经覆盖国内超过四分之三的地域。

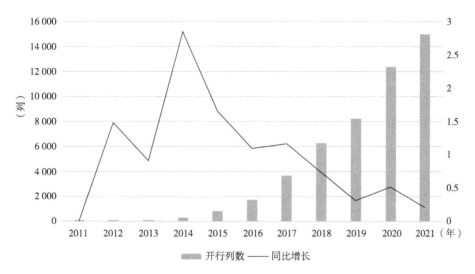

图 3-3 2011—2021 中欧班列开行数量及增长趋势

数据来源：大陆桥物流联盟公共信息平台。

2. 影响中欧班列运营的主要问题

（1）边境口岸通行能力不足

中欧班列要想成功经过相邻的国境口岸，需要耗费的时间一般为全部行驶时间的三分之一。这主要有以下几点原因：第一，在列车通过国与国之间的口岸时，必须换装；第二，列车在口岸需要进行海关检查并办理单证；第三，车站设施比较匮乏。"一带一路"沿线不同国家的轨距也会有区别，大致有 2 个型号：1 435 毫米的国际标准轨和 1 520 毫米的宽轨，也就是说中欧班列在一次运营中，至少需要换装两次。

（2）"一带一路"沿线国家的铁路运输规则不一致

当前，"一带一路"沿途各地的运输制度并不相同，欧盟各国所采用的是《国际铁道货物运送公约》，而其他国家采用的是《国际铁道货物联运协议》，二者在许多地方不相同，如中欧班列在经过不同国家的口岸时，单证系统和通关过程不一致，从而在很大程度上增加了运输的环节和成本。虽然一些成员国已经统一了联运单的格式和要求，但是仍要运用各种国家语言，包括运用中文、英文、俄文、德文等，也就是要求将单据意译成班列所经过各地的官方语言。

（3）中欧班列国内竞争无序，盈利能力不足

中欧班列运营至今，蓬勃发展态势一直不错，货物量逐渐递增，但国内竞争无序的问题仍然比较突出。大多数班列运营线路的服务范围相互重合，盲目开行车次数量过多，运力分散，竞争无序，通过低价、高额补贴、免费集运等手段争夺货源。此外，由于缺乏顶层设计和统筹管理，由各级政府部门分别主管当地或中欧班列的经营管理，在不同地区分别和外国铁路经营方协商定价标准和经营要求的时候，因载重量较小，我方协商议价力较低，这就导致境外段的运输收费相对高昂，运送成本很高，进而压缩了盈利空间。

（八）国际公路运输

国际公路物流在边境贸易、短途运输和国际多式联运中发挥着重要的作用。公路运输灵活方便，在短途的边境贸易方面，具有独特的技术和经济优势。2020年3月4日，天津开通直达欧洲的"卡车航班"，"苏新号"货车通过中欧公路运输通道驶向德国。这标志着卡车陆运成为继航空、船舶、铁路之后天津与欧洲之间的"第四物流通道"。

目前"一带一路"沿线的主要通道公路基础设施，主要包括中巴、中孟、中印、中缅、中蒙、中国—中南半岛经济走廊等公路物流通道。此外，"一带一路"的区域公路存在通行能力不平衡的现象，其中中东欧和中国的能力较强，中亚、西亚和东北亚的能力较弱。因此，有必要加强沿线的物流基础设施，整合和优化公路运输系统。

在运输公约方面，中国于2016年7月加入了《联合国国际货物运输公约》（简称"TIR公约"），该公约于2018年5月在中国正式实施。国际公路货运系统（即TIR运输系统），又称国际道路运输系统，是全球跨境货物通关系统，能够通过简化通关程序和提高效率，为多边贸易和国际货运提供便利和保障。符合TIR公约的公司，能够在60多个同样实施TIR公约的国家之间实现无缝运输，只需使用一份文件，只需要在始发国和目的地国接受检查，在过境国则不再需要检查。自中国加入TIR后，公路运输变得更方便、灵活、省时，从中国工厂发货后，不需要像海运、空运和铁路那样转运和卸货，可以直接到达收货人的仓库。因此，中国应积极推动在中国引进国

际道路运输系统，提高"一带一路"沿线国家的过境便利化水平，促进货物的顺利流通。

（九）重要边境口岸、产业园区和物流合作基地

1. 重要边境口岸

物流口岸是重要的国际物流节点，货物的转运、配送、通关、商检、流通加工以及物流信息处理都是在重要的物流口岸进行，口岸的软硬件设施配置和作业效率是影响国际物流效率的重要因素。

从地理位置上看，中国沿边省份（包括省和自治区）的重要边境口岸是"一带一路"上的重要节点。主要边境口岸有中蒙俄物流通道的满洲里、绥芬河、珲春、二连浩特等口岸，中巴物流通道的红其拉甫口岸，中印孟缅物流通道的腾冲、瑞丽、弄岛等口岸，亚欧大陆桥物流通道的连云港、郑州、阿拉山口等口岸，中国—中南半岛物流通道的凭祥口岸等，另外还有 63 个航空口岸，139 个水运港口，这些都是"一带一路"的重要物流节点。

2. 产业园区和物流合作基地

在"一带一路"倡议的"五通"目标中，"设施联通"是为"经贸畅通"搭台的，所以随着"一带一路"物流通道建设的推进和拓展，在重要的物流节点和通道上建设物流园区和产业园区必然是"一带一路"建设计划的重要内容。据统计，目前我国与相关国家已在"一带一路"沿线合作建设了上百个境外产业园区，这些园区正在成为支撑中国企业、资金、技术等"走出去"的重要平台，对保障全球产业链、供应链的稳定，促进园区所在国更好地发展发挥着不可忽视的作用。

我国在"一带一路"沿线合作建立的重要产业园区有乌兹别克斯坦鹏盛工业园、中国印尼经贸合作区、万象赛色塔综合开发区、巴基斯坦海尔—鲁巴经济区、泰中罗勇工业园、中埃泰达苏伊士经贸合作区、中国—白俄罗斯工业园、中国—匈牙利宝思德经贸合作区、中哈物流合作基地等。

二、"空中丝绸之路"的发展现状

2017 年，习近平总书记首次提出"空中丝绸之路"概念，并表示郑州—卢森堡"空中丝绸之路"不仅成为河南扩大开放、努力加强自身建设融入"一带一路"的标志性成果，也为我国广大内陆地区做出了表率和示范，探索总结出一条以航空经济为基础的，不断扩大开放并建设地区经济的

新路径。至 2021 年，与中国签署了航空运输协定的沿线国家就有 103 个，其中有 53 个国家与我国保持通航。沿线亚洲国家由于地理和经济联系相对密切，基本实现运输协定的全面覆盖，超过 80% 的欧洲沿线国家都与我国签署了协定，签署协定的非洲、大洋洲沿线国家数量占比超过 50%，美洲地区签署协定的国家数量较少。相较欧洲和亚洲，非洲、大洋洲、美洲实现通航的沿线国家数量较少，有待进一步发展。

"空中丝绸之路"已被纳入国家"十四五"规划，有着承载对外开放的载体功能。近年来，我国积极拓展航空运输网络，并完善机场相关布局和规划，加强航空枢纽的建设。各地依托枢纽机场，规划建设了近百个临空经济区。其中，国家级的临空经济示范区共 17 个，全国 147 个综合保税区有 26 个布局在机场周边，105 个自由贸易试验区有 13 个覆盖了机场区域。

（一）"空中丝绸之路"重点枢纽城市航空物流发展情况

目前国内郑州、西安、成都、广州、银川、乌鲁木齐等城市，在"空中丝绸之路"的建设中都取得了一定的成果，下面具体分析这些城市"空中丝路"的建设与发展情况。

1. 郑州航空物流发展情况

2017 年卢森堡货航在郑航线货运量占郑州机场货运总量的 29%，占郑州机场国际货运量的 39%，并且郑州—卢森堡航线运输的货物量以较高的速度强势增长；国际航空邮件增幅达 75%，增速位居全国第一。这些数据表明郑州—卢森堡航线大大带动了郑州机场国际货运量的增长，并且规模不小，极大地提高了卢森堡货航的国际竞争力。

据郑州海关统计，一开始卢森堡货航在郑州的航班是每周 2 班，现在加密至每周 14 班；通航点由最初的 2 个增至 14 个；累计货运量 85 万吨，占郑州机场货运总量三分之一以上。从郑州机场出发的航线布局跨越了亚洲、欧洲和美洲，基本覆盖全球主要国家。随着郑州"空中丝路"的建设稳步推进，郑州机场航空货运枢纽地位逐渐提升，不仅承担了河南省及周边省份的空运货物出口，还吸引了江浙沪、京津等地货物到郑州进行中转集散。从图 3-4 郑州与卢森堡进出口合计的折线图可以看出，2017 年到 2019 年的进出口总额处于上升态势，2019 年的进出口合计是最近几年的峰值。2020 年以来，全球暴发新冠疫情，加之贸易保护主义抬头，对两地进出口贸易产生了极大负面影响，导致贸易额有断崖式的下降，但下降之后的数值还是要比 2017 年和 2018 年高。

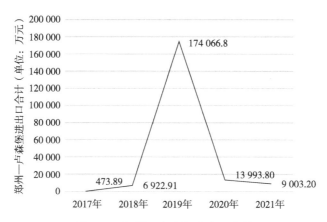

图 3-4　郑州—卢森堡进出口合计

数据来源：郑州海关官网。

2022 年 4 月 5 日下午，从柬埔寨首都金边到我国河南郑州的航线复航，"河南—柬埔寨—东盟"的"空中丝绸之路"正式启动。相对于主做亚欧之间国际货运的"郑州—卢森堡"航线，"河南—柬埔寨—东盟"线路是主做亚洲地区之间的客运和货运共同发展的航线。利用郑州在中国处于交通枢纽的有利地位以及柬埔寨在东盟成员国之间的地缘优势地位，可以使我国各地与东盟成员国的人员交流与经贸合作更加高效。除此之外，目前，郑州机场正在扩建北货运区，预计将来郑州机场将会有 18 万平方米的货运区，25 个货运机位，能使年货邮吞吐量的最大值增长到 110 万吨。

2021 年，郑州全货机航线开通的 48 条中涉及国际地区的占比较大，已达 38 条；与全球 42 个城市实现了通航，其中通航的"一带一路"沿线国家已有 17 个。另外，郑州机场集散的货物种类越来越丰富，现已涵盖了 23 大类、7 000 多种商品。2021 年，郑州新郑机场完成货邮吞吐量 70.47 万吨，是 2013 年的将近三倍，位列全国第六名，可见郑州虽地处中原，但国内国际货运规模也是名列前茅的；完成起降架次 16.116 2 万次，是 2013 年的一倍多。截至 2021 年 12 月 23 日，郑州机场国际货运航班突破 1 万架次，货运连续 5 年位居中部地区机场第一。"空中丝绸之路"为郑州、为内陆河南带来了巨大的经济效益。

2. 西安航空物流发展情况

因为航空物流业能汇聚物流、资金流和信息流，对城市发展有着重要的推进作用，所以陕西也在积极筹建"空中丝绸之路"。

2016年东航"长安号"B777全货机从西安咸阳机场起飞首航，标志着东航率先开通西安直飞阿姆斯特丹的国际货运航班，去程每周一、周三执飞两班，主要货物为液晶屏类、服装、固态硬盘、飞机舱门、电子连接器、花种和贮水器等，货源主要来自陕西（西安）、四川、重庆、河南、山西、甘肃及长三角区域。货物目的地主要为德国、荷兰及波兰等国家。回程每周二、周四执飞两班，主要货物以奶粉、米粉等母婴用品、化妆品及厨具类为主，货源主要来自德国、法国、荷兰等国家。货物目的地主要为陕西（西安）、河南、山西、甘肃及长三角区域。该航线运营上将启用国际陆空联运新模式，发展"航线+快递+电商+商贸"的新业态，实现"境外采购、机场转关、码头开箱、网上销售"的"线上交易、线下体验"跨境电商新模式，进一步促进航空服务业提高质量和效率。这条航线的开通，有助于实现西安与国际市场的直接对接，有助于发挥西安对周边区域的经济辐射带动作用，推动西安发展外向型经济，促进西安产业结构的调整和升级。

2019年5月12日凌晨，西北首条第五航权货运航线"首尔—西安—河内"成功首航，提高了西安国际货物集散能力，为西安成为国际航空枢纽提供助力。2020年，西安咸阳机场货运航线增至37条，其中国际航线18条，货邮吞吐量增长至近38万吨。西安咸阳国际机场也在加紧进行三期扩建工程，届时西安咸阳国际机场将成为大型国际航空枢纽，年最大旅客吞吐量将达到8 300万人次，货邮吞吐量将达到100万吨。2021年，西安咸阳机场的生产情况如表3-1所示。此外，自"空中丝绸之路"提出以来，如图3-5所示，陕西以空运形式合计的进出口总额总体呈上升趋势，说明陕西"空中丝绸之路"的建设正在逐步深入推进。

表3-1　2021年西安咸阳机场生产情况

	旅客吞吐量（万人次）	货邮吞吐量（万吨）	起降架次（万次）
西安咸阳机场	3 017.33	39.56	25.70
全国排名	9	9	8

数据来源：中国民用航空局。

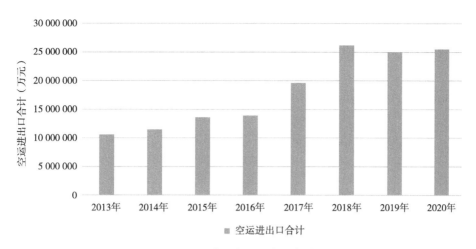

图 3-5　陕西空运进出口合计

数据来源：西安海关。

3. 成都航空物流发展情况

作为中国西部重点城市的成都凭借其优越的地理位置，肩负起了"一带一路"倡议中西部国际门户枢纽的新使命。成都依托国际空港和铁路港"双枢纽"构建了"陆空立体大通道"，形成了全面开放的新格局。

成都双流国际机场航线网络覆盖五大洲，现有中国国际航空、中国东方航空、四川航空等多家航空公司在此运营。截至 2021 年 10 月 31 日，已开通航线 374 条，其中国际（地区）131 条、国内 225 条、国内外中转线 18 条。2021 年成都双流机场生产情况如表 3-2 所示，三个生产指标均位居全国前十。并且，如图 3-6 所示，四川以空运形式合计的进出口总额自 2015 年以来呈逐年上升趋势，表明四川省的空运发展态势良好，能够支持"一带一路"倡议、"空中丝路"的发展建设。

表 3-2　2021 年成都双流机场生产情况

	旅客吞吐量（万人次）	货邮吞吐量（万吨）	起降架次（万次）
成都双流机场	4 011.75	62.94	30.09
全国排名	2	7	4

数据来源：中国民用航空局。

4. 广州航空物流发展情况

广州白云机场经过几十年的发展，现在已经成为支持"一带一路"倡议的重要国际航空枢纽之一，发挥着连接全球的重要作用。以白云机场为中

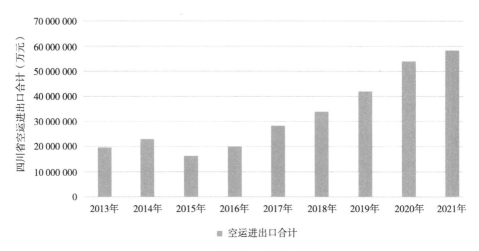

图 3-6　四川省空运进出口合计

数据来源：成都海关。

心，其在全球布局的航线串联了 230 多个通航点，广州与国内以及东南亚主要城市可以实现 4 小时通达，也与全球主要城市实现了 12 小时左右便能通达。2021 年，白云机场生产情况如表 3-3 所示，其国际及地区货邮吞吐量同比增幅超过 20%。

表 3-3　2021 年广州白云机场生产情况

	旅客吞吐量（万人次）	货邮吞吐量（万吨）	起降架次（万次）
广州白云机场	4 024.97	204.49	36.25
全国排名	1	2	1

数据来源：中国民用航空局。

5. 新疆航空物流发展情况

目前，新疆是我国拥有民用机场最多的省份，管辖的 22 个在用机场中乌鲁木齐、吐鲁番等机场已达到 4E 级。近年来，新疆积极打造"空中丝绸之路"。

2021 年，全疆机场在飞航线最高达 283 条，其中客运航线 281 条、货运航线 2 条。客运航线中，乌鲁木齐机场航线 157 条，67 个自治区外城市以及 18 个自治区内城市与乌鲁木齐通航；支线机场间互通航线 45 条，航线网络基本覆盖自治区内所有支线机场；支线机场直飞自治区外航线 79 条。由表 3-4 可知，乌鲁木齐地窝堡国际机场 2021 年全年的生产规模占全自治区机场的大部分，足见该机场的发展潜力，可以大力支持该机场为"空中丝绸之路"的建设增砖添瓦。

表 3-4　2021 年新疆地区和乌鲁木齐地窝堡机场生产统计情况

地区	旅客吞吐量（万人次）	货邮吞吐量（万吨）	起降架次（万次）
新疆地区	2 766	17.8	36.9
乌鲁木齐地窝堡机场	1 688	13.7	10.0

数据来源：中国民用航空局。

《"十四五"民用航空发展规划》提出将进一步畅通国际航空运输通道体系，其中重点推进"空中丝绸之路"建设和增强国际航空货运能力两大工程。预计通航国家和地区将超过 70 个，其中参与"一带一路"倡议的国家数量超过 50 个；中国航空企业占我国国际货运市场份额超过 40%。为了能达到提出的这些发展目标，我们应该结合各城市"空中丝路"建设现状分析目前"空中丝路"发展过程中存在的问题，对症下药，给出相应的解决办法。

（二）"空中丝绸之路"发展中存在的问题

1. 航空运输服务能力和基础保障能力有待加强

首先，主体服务能力仍不强。我国航空物流企业全货机的规格较小，航空货运专业化程度不高，涉及该行业的全程一条龙运输服务跟不上，尤其是海外服务部分的保障不足，"一带一路"国际全货运网络尚未实现自主可控，不能较好地满足跨境电商、冷链运输等新兴消费需求，与先进制造业等协同联动性不够。航空货运代理企业在货源的组织协调以及提供相关服务的质量等方面仍然达不到国际先进水平。

其次，我国大多数机场对货运基础设施投入的重视程度不够，设计理念滞后，货运保障能力不强，装备智能化、自动化程度不高，机场地面保障服务对物流发展的支持偏弱，尤其在医药、冷链生鲜、快递、电子产品等货物的专业化保障方面短板突出。我国的机场大多以综合性机场为主，很少有机场专门做货物运输。鄂州花湖机场是亚洲第一个专业货运枢纽机场，预计 2025 年旅客吞吐量将达到 100 万人次，货邮吞吐量将达到 245 万吨。这对我国货运机场来说是一个"破冰之举"，但后续仍需继续关注我国专业货运机场的建设，填补我国在这种类型机场建设运营方面的空白，满足我国甚至全球现在以及未来对于航空货运畅通的需求，为建设民航强国不断努力。

2. 营商环境仍需改善，数字化水平仍需提高

首先，符合航空物流发展规律的法规标准体系没有形成，航空物流安全、特种货物运输服务、新业态等法规需要完善。例如，在涉及跨境电子商务的各领域，我国尚没有制定专门的法律法规，而跨境电商某些货物的运输依赖空运，在空中运输过程中就会存在法律风险（如货物税收风险——一些做跨境买卖的企业会根据交易物品的特点，利用国家征税体系在这方面的空白，钻空子逃避税收，比如一些小型电商会通过将代购商品说成是自用商品从而躲避税收）。

其次，新技术应用、多式联运等标准急需建立。部分单位未能对航空物流创新发展实施包容审慎监管。部分口岸服务能力不足，通关效率不高，结汇方式有待优化。部分地区对航空物流认识不够，政策执行不到位，未形成促进航空物流发展的体制机制。行业内外与央地财经等政策协同不够，尚未形成合力。

最后，行业指标体系不完善，信息化水平参差不齐，部分航司、机场的信息化建设较为滞后、信息化管理能力不足。航空物流各主体信息系统相对独立，数据接口、格式及信息交换标准不统一；参与航空物流发展的有许多部门，但各部门之间的数据并没有实现互联互通，不能有效地支撑物流的链条化运营和监管。

3. 航空运输货源供给不足，与沿线国家的航空运输合作不深入

首先，为了适应全球市场的不断变化，我国需要推动国际航空运输业的发展，而要想推动该行业的发展就必须拥有大量的可供运输的货源，从而不断实践，从实践出真知，以实践促发展。一方面，目前中国与"一带一路"沿线国家之间可供空运的固定、可靠、安全、可控的产业货源是缺乏的，主要表现为往返的货源匹配程度不高，会出现空箱现象，没有形成空运往返的闭环，导致一定程度的资源浪费；另一方面，产品输出需求与航空货运之间缺乏良好的对接，使用空运的产品类型大多仍是电子产品等传统高附加值货物，产品类别覆盖范围较窄，对于某些新兴航空货源市场拓展不足。

其次，我国与"一带一路"沿线国家间签署航权协定的数量比较少，并没有覆盖所有沿线国家，与某些国家的航权利用不充分；此外，对于国际航线重点布局地区的往返运力额度已经不足，加之目前部分国家的政局不稳，也在一定程度上影响了"一带一路"范围内航空运输发展以及"空中丝绸之路"的建设。

（三）"空中丝绸之路"发展的对策建议

1. 提高航空运输服务能力和基础保障能力，补齐基建短板

首先，我国应完善"一带一路"沿线航空运输的运力结构，采取灵活的调整政策，重视机场货运基础设施建设，缺什么补什么。一方面，优化客机腹舱运力配置，增强战略重点区域全货机航线布局。针对我国全货机规模偏小、数量不足的问题，根据平常需要运输的货物种类与批量，同时借鉴国外机场的规模大小，积极研发或者购入适量的不同规模、不同规格的全货机。此外，我国十分缺乏专门从事航空货运的机场，在加大对这种类型机场的研究与建设的同时，应注重相关航空货运公司的孵化培养，使得综合性枢纽机场和专业性货运枢纽机场各司其职，在发扬各自优势功能的同时注重互联互通，构建功能完善、结构合理的航空物流枢纽体系。另一方面，加强对机场货运基建的重视程度，革新机场设计理念，以实现碳达峰、碳中和的战略目标为宗旨，建立健全绿色低碳航空物流体系，促进装备自动化、智能化，使得国际航空客运与货运更好地应用于"一带一路"倡议实施的物流保障环节。

其次，支持国内企业与国外物流企业、地面配送企业等加强合作，打造利益共同体，提高国际航空物流一体化解决服务能力，为拓展国际航线网络创造安全可控的衔接条件和备选方案，提升应急协同能力。增强航空物流网络与产业网络的协同，推动航空物流企业与制造企业国际发展战略对接，围绕国际产能和装备合作重点领域，积极拓展国际航线网络，加快建设覆盖"一带一路"沿线国家的空中通道，保障先进制造业供应商和跨境电商国际业务拓展，并且注重满足空中冷链运输等新兴消费需求。推动境外分销服务网络等设施建设，完善覆盖全球的海外仓网络，强化境外资源共享，从而支持制造业走向国际化生产、面向全球销售，并提供国际性标准服务，打造航空物流业与制造业联动出海的发展格局。完善航空物流地面保障服务，确保后勤安全，针对不同货物构建相应的专业化保障服务体系。

2. 改善航空运输营商环境，提高"空中丝路"建设数字化水平

完善跨境电商领域的市场监管法律法规是必要的，因为跨境电商与"空中丝绸之路"的发展是相辅相成的。具体来说，可以加强税务机构与跨境电商企业的合作，税务机构只有深入该领域才能发现这其中可能存在的税收灰色地带，从而才能有的放矢，打击偷税漏税行为。建立相关跨境企业诚信交

易、程序合法的认证机制，对评级高的企业提供通关优惠政策，这样能够鼓励跨境企业多多参与国际贸易，为空运提供稳定的货源。

完善航空运输业指标体系的构建，指导、帮扶、督促部分信息化建设滞后的航司、机场借鉴各方经验，提升自己的数字化信息化建设水平。统筹协调航空物流各主体信息系统，统一数据接口、格式及信息交换标准，改善信息孤岛现象，凝聚合力，共同助推我国国际航司的实力与国际竞争力；大力支持多部门之间建立数据共享机制，争取实现数据互联互通，从而能够有效地支撑物流的链条化运营和监管。

3. 建立平台，有效对接货源，加强与沿线国家航空货运沟通合作

针对我国航空货运面临的可供运出货源和回程货源不稳定的问题，可以尝试建立一个面向国内国际的第三方平台，一方面精准研究、把控中国与"一带一路"沿线国家的产业发展和货源情况，最大限度地整合国内外运输货物的需求；另一方面对接匹配国内的国际航空货运公司，将航空运输的需求方和供给方高效对接起来，形成航空货运闭环，充分利用资源，满足彼此的需求，促进彼此发展。通过政策支持引导，积极向生物医药等新兴航空货源领域拓展业务，开发更多稳固货源。

我们应加大对国际航空货运方面的研究。例如，我国仍然需要推动与"一带一路"沿线国家共同探讨研发航空物流技术、推动航空物流中国标准国际化进程，积极参与国际航空物流安全与运行标准制定，探索"一带一路"国家（地区）间航空物流数据交互制度，提升中国民航话语权。在巩固与现有通航国家的联系之外，通过优惠政策等方式吸引更多国家参与到"空中丝路"的建设当中，提高航空货运航线覆盖面，串联国际货运枢纽，织起"一带一路"空中运输网。另外，还要加强国内对于"空中丝路"建设的支持力度，提升我国国际航空运输的竞争力。

第四章　"海上丝绸之路"和其他物流通道发展现状

一、"海上丝绸之路"的发展现状

海上丝绸之路，是我国古代与海外各国开展贸易与文化交流往来的重要海上通道。古代的海上丝绸之路自中国东南沿海地区起，途经中南半岛和南海沿岸诸国，再跨越印度洋，最后走向红海，到达东非和亚洲，形成了中华民族海外贸易与文化交流的海运大通道，并促进了沿途各国的经济合作。海上丝绸之路形成于秦汉时期，兴盛于唐宋时期，转变于明清时期，是世界现存的历史最悠久的海运路线。

中国的海运物流主要有两块：一是从中国东南沿海地区出发，向南经中国南海，再通过马六甲海峡，然后向西至波斯湾地区；二是从中国东南沿海地区出发，再向西经苏伊士运河至地中海地区和欧洲。这两个通道均要通过马六甲海峡，因此"马六甲困局"也成为制约中国海运物流道路建设的主要障碍。而随着"一带一路"陆上6条运输大通道的建设，陆上道路运输功能提升，"马六甲困局"也会有所缓和，中国也会建立较为平稳的运输布局。

目前海上丝绸之路的蓬勃发展，开拓了全球人文和物质交流的崭新途径，促进了全球经贸、技术和社会的发展，加深了沿岸各国民众间的情谊。其中，海上丝绸之路的几大口岸起到了关键性的作用。

（一）国际重要港口发展现状

海港是关键的国际运输节点，是我国构建"一带一路"物流体系的基础。"一带一路"倡议由我国率先明确提出，因此，我国的港口必然要做好对接"一带一路"倡议的建设工作。截至目前，我国已建立了环渤海区、长江三角洲、中国海峡西岸、珠江三角洲和北部湾五大现代化海港群，作为中国外贸的重要窗口和国外产品的主要集散地。

从全球来看，"一带一路"将选取那些海铁联合物流环境好、物流能力强、腹地宽广的口岸为关键物流节点。从海上丝绸之路东侧的中国东南部沿岸到西侧的亚洲沿岸，满足这些要求的港口，形成了"一带一路"综合运输体系的关键海港节点。

当前比较关键的海港型物流节点如下。

1. 瓜达尔港

瓜达尔港是一个位置优越的深水港，位于巴基斯坦西南部，邻近霍尔木兹海峡，是巴基斯坦通往波斯湾和阿拉伯海的门户，处于非常重要的地理位置。巴基斯坦瓜达尔港是中巴经济走廊建设中由中国援建的重点项目。近年来自由贸易区建设步伐加快，瓜达尔将成为当地繁荣的商业中心。在中巴双方的努力下，瓜达尔港迅速发展，港口多功能泊位由 3 个扩增至 9 个，港口深度加深了 2.5 米，将来计划在此基础上继续加深 20 米达到 34 米。该港经中巴公路连接新疆喀什，是中国西部和阿拉伯海之间的贸易纽带，可以减少中国石油运输对马六甲海峡的依赖，且运输距离大幅缩短。

2. 皎漂港

皎漂港位于孟加拉湾东北部，缅甸若开邦皎漂县，该港港外航道深，港内风浪小，是一个天然良港。这里是中缅油气管道的起点，距离云南昆明 1 150 千米，与走马六甲海峡相比距离大大地缩短，同时也大大降低了中国原油运输过度依赖马六甲海峡的风险，使中国不再受牵制。在"一带一路"倡议的推进过程中，这条路线连接中国西南地区的重要经济走廊，伴随着立体化物流交通体系的建设，将会带来中国相关产业的转移，必将带动中缅沿线地区的经济发展，提升中缅两国之间的经贸合作水平。

3. 科伦坡港和汉班托塔港

科伦坡港是斯里兰卡最大的海港，是扼守太平洋、印度洋的欧亚航线上重要的中转港。科伦坡港目前是该国唯一可接卸超大型船舶的码头。科伦坡国际集装箱码头是由中国招商局港口控股有限公司投资建设，于 2017 年与斯里兰卡就该港口签署了期限为 99 年的特许经营权协议。汉班托塔港是位于斯里兰卡南部海岸的优良深水港，是东亚通往欧洲、中东、东非等地的亚欧国际主航线的必经的战略性节点港口。

4. 吉布提港

吉布提港是吉布提境内最大的海港，位于世界上最繁忙的航运路线之一的苏伊士航线的十字路口，连接欧洲、远东、非洲之角和波斯湾。港口位于曼德海峡出口位置，扼守着红海的咽喉要道，该港濒临亚丁湾，是很多国家的舰艇在远航行程中重要的补给地，独特又重要的地理位置使得许多大国驻军在此。

5. 比雷埃夫斯港

比雷埃夫斯港是希腊最大的港口，欧洲十大集装箱码头之一。该港口位于欧洲大陆腹地，地处地中海航线上，货物在此卸货后经欧洲货运铁路运送到广大的欧洲地区，是中国向欧洲出口商品的转运枢纽。我国中远集团拥有该港口两个集装箱码头的特许经营权，对其投资已超过 40 亿元。比雷埃夫斯港是距离苏伊士运河最近的西方港口，在中国的支持与投资运营下，该港口的集装箱吞吐量近年来快速增长。

6. 西哈努克港

西哈努克港位于柬埔寨西南海岸线上，在暹罗湾的东北岸，距离首都金边 180 千米。该港是一个深水港，也是柬埔寨最大的海港及对外贸易中心，是中国"一带一路"海上丝绸之路的重要节点，其扼守在南中国海繁忙航线的十字路口上，战略地位十分重要。

7. 其他比较重要的"一带一路"沿线重要港口

随着越来越多国家和我国签署"一带一路"协议，越来越多的重要港口成为"一带一路"物流体系的重要物流节点。除了上述我国参与投资的重要港口之外，像迪拜、新加坡港、苏伊士港、马赛港、巴伦西亚港、安特卫普港、鹿特丹港、汉堡港等也是"一带一路"重要的港口。

（二）我国"海上丝绸之路"主要港口的作业现状

此处主要介绍上海港、青岛港、宁波—舟山港、天津港、大连港、泉州港、广州港等港口的设施能力以及货物吞吐量和集装箱吞吐量，这些港口是《推动共建丝绸之路经济带和 21 世纪海上丝绸之路的愿景与行动》指出要加强建设的港口，这些港口是我国的主要港口，除了泉州港外，基本上都进入了全球吞吐量最大的前 20 大港口行列。

1. 上海港发展情况

上海港扼守于我国最重要的黄金水道长江的入海口处，是全球最大的集装箱港口，港区分为海港区和内河港区两部分。上海港的历史可以追溯到隋朝初年（589—604），当时上海地区最初的内河港市即已建立。近代开始，上海市提出建立国际航运枢纽，上海港的发展更是进入快车道。截至 2016 年底，上海港已与世界 214 个国家和地区超过 500 家口岸形成了集装箱货物贸易往来关系，而中国现有的国际贸易航道则超过了 80 条。

2021 年上海港的货运吞吐量实现 6.98 亿吨，同比增加 7.22%，集装箱吞吐量也已经超过了 4 700 万标准箱。2010 年上海首次荣登全球集装箱第一大港地位，并在此后连续 12 年蝉联首位。自 2017 年至 2021 年底，上海港的集装箱吞吐量已经连续 5 年达到 4 000 万标准箱。上海港 2013—2021 年货物吞吐量和集装箱吞吐量如表 4-1 所示。

表 4-1　2013—2021 年上海港口吞吐量、增长率

年份	货物吞吐量（亿吨）	同比增长（%）	集装箱吞吐量（万标准箱）	同比增长（%）
2013	6.83	7.22	3 377	3.82
2014	6.7	−1.90	3 529	4.48
2015	6.49	−3.13	3 654	3.55
2016	6.45	−0.62	3 713	1.63
2017	7.06	9.46	4 023	8.35
2018	6.84	−3.12	4 201	4.42
2019	6.64	−2.92	4 330	3.07
2020	6.51	−1.96	4 350	0.46
2021	6.98	7.22	4 703	8.11

数据来源：根据中华人民共和国交通运输部网站"统计数据"栏目整理。

2. 青岛港发展情况

青岛港为常年不淤不冻的深水良港，是我国集装箱和原油、铁矿石、粮食等各类大宗商品进出口的枢纽港口。青岛市港主要由青岛市大港区、黄岛油港区、前湾南区和董家口港区 4 个港口构成。其中，前湾南区设有能停泊当前全球最高的 2.1 万 TEU 集装箱船的国际集装箱码头，两个目前全球最先进的国外大型集装箱全智能化泊位，现已投资企业运作；董家口港区设有当前全球最高的 40 万吨级煤矿港口、45 万吨级原料港口，40 万吨级的矿船靠泊占到了国内外大船数量的 70%；黄岛油港区位码头功能齐全，配套服务设施齐全，是中国国内沿海地区较大的油料物流、运输、仓储基地；大港区内设有能停泊全球最大的 22.7 万吨级游轮的专用港口和全球游轮客运中心，全球嘉年华、皇家加勒比、地中海等全球游轮企业龙头纷纷进驻。集装箱装卸效率、铁矿石卸船速度均维持在全球首位。

2021 年，青岛港货物吞吐量达到 6.3 亿吨，同比增长 4.13%，这也是青岛港连续第二年货运吞吐量超过 6 亿吨。与此同时，集装箱吞吐量为 2 371 万标准箱，这相比去年更是取得了 7.72%的增长。青岛港 2013—2021 年货物吞吐量和集装箱吞吐量如表 4-2 所示。

表 4-2 2013—2021 年青岛港口吞吐量、增长率

年份	货物吞吐量（亿吨）	同比增长（%）	集装箱吞吐量（万标准箱）	同比增长（%）
2013	4.5	10.57	1 552	7.00
2014	4.68	4.00	1 658	6.84
2015	4.85	3.63	1 744	5.16
2016	5	3.09	1 801	3.27
2017	5.1	2.00	1 831	1.61
2018	5.43	6.47	1 932	5.50
2019	5.77	6.26	2 101	8.75
2020	6.05	4.85	2 201	4.76
2021	6.3	4.13	2 371	7.72

数据来源：根据中华人民共和国交通运输部网站"统计数据"栏目整理。

3. 宁波—舟山港发展情况

宁波—舟山港区天然条件良好，区位优势突出，地处中国大陆的海岸线中心、"丝绸之路经济带"和"21 世纪海洋丝路"的交汇点、"长江经济带"的南翼"龙眼"，海港水深条件世所少有，30 万吨级巨轮可自主出入，40 万吨级之上的巨轮可候潮出入，是目前我国十万吨级之上大型和超大型巨轮出入量最大的海港之一。港口向内连通了我国所有沿海港口，覆盖了中国大陆最有活力的长三角经济圈；向外，面临繁华的印度洋主航道，坐拥"服务世界"的世界门户，已成为中国沿海地区向欧洲、大洋洲和南美洲各海港远洋航运辐射的理想聚集地。宁波市舟山港区主要由北仑、洋山、六横、衢山、穿山、金塘、大榭、岑港、梅山等 19 个港区构成，有产品泊位 620 多个，当中万吨级之上的特大型泊位近 160 个，5 万吨级之上的重要、特大型深水泊位近 90 多个，为已落户于宁波、舟山二地的 200 多家全球航运企业与中介服务组织以及世界各地顾客提供了一流的配套服务。目前宁波—舟山港口交通手段较为齐备，已具备了水运、公路工程、动车和管线等

各项运输模式。航线航班密集，240 多条国际航班联系了 100 多个国家和地区的 600 多个港口。

2021 年，宁波舟山港港口货运吞吐量突破 12 亿吨，实现货运吞吐量 12.24 亿吨，同比增幅 4.4%，连续 13 年蝉联全球第一名。2021 年，宁波舟山港累计实现集装箱吞吐量 3 108 万标准箱，同比上升 8.22%，成为继上海港、新加坡港口以后，世界第三个 3 000 万集装箱大港。2021 年 9 月，宁波舟山港口问鼎中国质量奖，是中国港口界第一个荣获此荣誉的港口。宁波—舟山港 2013—2021 年货物吞吐量和集装箱吞吐量如表 4-3 所示。

表 4-3 2013—2021 年宁波—舟山港港口吞吐量、增长率

年份	货物吞吐量 （亿吨）	同比增长（%）	集装箱吞吐量 （万标准箱）	同比增长（%）
2013	8.09	8.80	1 733	15.76
2014	8.73	7.91	1 945	12.23
2015	8.89	1.83	2 063	6.07
2016	9.22	3.71	2 156	4.51
2017	10.1	9.54	2 461	14.15
2018	10.8	6.93	2 635	7.07
2019	11.20	3.62	2 753	4.48
2020	11.72	4.64	2 872	4.32
2021	12.24	4.44	3 108	8.22

数据来源：根据中华人民共和国交通运输部网站"统计数据"栏目整理。

4. 天津港发展情况

中国天津港集团公司地处中国渤海湾西侧，坐落于中国天津城市沿海新片区，背靠全国新建设的雄安新片区，影响中国东北、华北、西南的广大内陆腹地，联系东北亚和非洲，是京津冀区域的海上门户，是中蒙俄经济走廊东端起点、新亚欧大陆桥的关键节点、21 世纪中国海上丝绸之路的重要支点。

天津港为世界级人工深水港，30 万吨级船只可随意出入港湾。天津港为综合型口岸，海港功能齐全。2021 年，天津港总货运吞吐量实现 5.3 亿吨，同比增长 5.37%，累计实现集装箱吞吐量 2 027 万标箱，同比增长

10.46%，这是天津港的集装箱吞吐量第一次突破2 000万标准箱大关。天津港2013—2021年货物吞吐量和集装箱吞吐量如表4-4所示。

表4-4　2013—2021年天津港口吞吐量、增长率

年份	货物吞吐量 （亿吨）	同比增长 （%）	集装箱箱量 （万标准箱）	同比增长 （%）
2013	5.01	5.03	1 300	5.69
2014	5.4	7.78	1 400	7.69
2015	5.41	0.19	1 411	0.80
2016	5.51	1.85	1 450	2.75
2017	5.01	−9.07	1 504	3.72
2018	5.08	1.40	1 601	6.45
2019	4.92	−3.15	1 730	8.06
2020	5.03	2.24	1 835	6.07
2021	5.3	5.37	2 027	10.46

数据来源：根据中华人民共和国交通运输部网站"统计数据"栏目整理。

5. 大连港发展情况

大连港地处中国辽东半岛南端的大连湾内。由于大连市地处中国东北经济区最南端，辽东半岛南端、黄渤海水域交汇处，良好的地质条件使其战略地位不言而喻，是该地区走向太平洋，面向世界的重要海上通道。而大连港作为一座综合型的海港，其规模也在国内沿海地区港口城市中位居前列。定位为四大国际深水中转港之一的大窑湾新港区，也是我国重点开发的战略区域。大窑湾港区共有80多个泊位，设计吞吐量为8 000万吨级，使大连港从港域面积、地理位置、作业泊位数量、万吨级以上的泊位数量、可停靠的最大吨位、航线水深量、港池面积等方面，在我国北方以及东北亚的诸多大港中都居于领先地位，成为大连港在未来发展过程中的巨大优势。

2021年大连港全年累积货运吞吐量为3.16亿吨，同比下降5.39%，集装箱吞吐量为367万标准箱，同比下降28.18%。自2019年开始，大连港不管是货物吞吐量还是集装箱吞吐量都呈下降趋势，但是需要注意的是，随着全球经济缓慢复苏，其下降速率呈放缓趋势。中国（辽宁）自由贸易试验区大连片区挂牌运行，以及近些年大连经济的高质量运行，都为大连的产业发展提供了源源不断的活力,大连港 2013—2021 年货物吞吐量和集装箱吞吐量如表 4-5 所示。

表 4-5　2013—2021 年大连港港口吞吐量、增长率

年份	货物吞吐量 (亿吨)	同比增长 (%)	集装箱吞吐量 (万标准箱)	同比增长 (%)
2013	4.07	11	1 001	24
2014	4.23	2	1 013	1
2015	4.15	−1	944	−7
2016	4.37	6	958	1
2017	4.55	5	970	1
2018	4.68	2.80	977	0.60
2019	3.66	−21.79	876	−10.34
2020	3.34	−8.74	511	−41.67
2021	3.16	−5.39	367	−28.18

数据来源:根据中华人民共和国交通运输部网站"统计数据"栏目整理。

6. 泉州港发展现状

历史上的泉州港曾以四湾十六港而闻名,为我国古代水上丝绸之路的起点之一,在古代时期拥有"东方第一大港"的美称。时至今日,泉州口岸依然是中国新世纪海上丝绸之路的主要战略支点之一,为福建省地区性的重点口岸,是海峡西岸经济区对外开放、对台运输的重要通道。就总体布局来看,泉州港由三港区、十作业区、二作业点组成。目前泉州港的码头泊位为零星布局,规模效果差、专业化程度较低、港城问题日渐突出,急需对泉州港各港区作业区进行资源整合,调整功能布局,促使其集约化、规模化发展。未来,泉州港区内将形成"一港三港区六作业区二作业点"的总体布局。

2020 年底,泉州港区已建立泉州湾、深沪湾和围头湾三个港区的综合开发布局,共建有制造性泊位 50 个,包括万吨级及上述深水泊位 10 个,设计年平均通行力量为 2 790 万吨级。随着有关措施的进一步建立、健全,泉州港已于 2021 年全年累计实现货运吞吐量 1.41 亿吨,相比去年增长近 20%;但是,泉州港集装箱吞吐量由于全球性的疫情以及其他各方面的原因表现不尽如人意,全年集装箱吞吐量只有 195 万标准箱。泉州港2013—2021 年货物吞吐量和集装箱吞吐量如表 4-6 所示。

表 4-6　2013—2021 泉州港吞吐量、增长率

年份	货物吞吐量（亿吨）	同比增长（%）	集装箱吞吐量（万标准箱）	同比增长（%）
2013	1.08	3.85	170.	0.21
2014	1.12	3.70	188	10.81
2015	1.22	8.93	201	6.93
2016	1.26	3.28	209	3.79
2017	1.3	3.17	224	7.22
2018	1.28	−1.54	240	7.19
2019	1.27	−0.78	258	7.33
2020	1.18	−7.09	226	−12.4
2021	1.41	19.49	195	−13.72

数据来源：根据中华人民共和国交通运输部网站"统计数据"栏目整理。

7. 广州港发展现状

广州市是我国南部地区的重要都市，是华南地区的重要经贸中枢、文化发展和物流配送中枢。广州港作为中国华南地区规模较大的综合型主枢纽港口、我国主要内贸集装箱的核心口岸、全球主要集装箱干线海港、非洲航线的核心枢纽港，其货运吞吐量及海港集装箱吞吐量，均使其在全球长期稳居世界前十大港口城市。现在的广州港是由原广州港与原黄浦江港因为发展的需要合并而成的。由于航运技术的提高，轮船载重吨位愈来愈大，广州港先后建立了内港港区、黄埔港区、新砂港区、广州南沙港区，港区大多布置于广州、东莞等市的珠江岸边以及海域。其中广州南沙码头区为新开发建成的现代化深水港区，是广州"南拓"发展规划的龙头项目，同时也是广州港股份公司集装箱货物运输事业发展的动力与更加强劲的新引擎。

2021，广州口岸的生产平稳上升，全年累计实现货运吞吐量 6.24 亿吨（自 2019 年冲破 6 亿吨关口以后，已是连续 3 年保持在 6 亿吨以上），同比上升了 1.96%；全年累计实现集装箱吞吐量 2 418 万标准箱，同比上升了 4.36%。广州港目前取得的喜人成绩是建立在之前采取的种种切实有效的措施基础上的。早在 2019 年，南沙港便已开通美东航班，同时增加了北欧等航班，全年净增国际集装箱外贸班轮航线 8 条，总航班数量达到 156 条，其中外贸航班 111 条。新成立越南、柬埔寨驻外代表处，目前建有 6 个国外代表处，已设置 30 个无水码头（覆盖十省）、67 条"穿梭巴士"支线、10

多条海铁联合班列。南沙港区针对各种重点货类的通关流程不断进行优化，不断采用新兴科技，使得相关措施相比之前更加便利，在客户群中已经取得良好的口碑。由原来的主要通过线上办公，慢慢过渡到完全线上办公，通过搭建相关平台，几乎所有数据实现入网，让用户之间直接在线上完成货物交接等各项工作，不断缩减成本，提高广州港的运输效率。2021年，以广州市港集团公司为龙头的省内口岸合作机构也频繁做出重大动作：6月，佛山的高荷港码头工程开始施工；9月，广州市港集团公司和阳江市人民政府达成了相关共同口岸运作模式的合作共识；10月，广州市港成功取得揭阳榕江港口工程，这一举措使得揭阳—香港"海洋往返客运"支线成功通车；11月，位于广州市云浮的国际物流港也得以顺利完工，为花都港量身订制的首艘车辆滚装船于12月成功下水，拉开了珠三角内河车辆滚装运输时代的序幕。广州市在推进粤港澳大湾区国家经济发展策略和粤语大省"一核一带一区"构建的稳定进程中，已然成为推动港口高质量建造、落实更加开方战略的桥头堡。广州港2013—2021年货物吞吐量和集装箱吞吐量如表4-7所示。

表4-7　2013—2021年广州港口吞吐量、增长率

年份	货物吞吐量 （亿吨）	同比增长 （%）	集装箱吞吐量 （万标准箱）	同比增长 （%）
2013	4.55	4.60	1 550	5.16
2014	4.82	5.93	1 663	7.23
2015	5.01	3.94	1 762	6.01
2016	5.23	4.39	1 886	6.99
2017	5.7	8.99	2 037	8.03
2018	5.94	4.21	2 192	7.61
2019	6.06	5.22	2 283	5.93
2020	6.12	0.99	2 317	1.49
2021	6.24	1.96	2 418	4.36

数据来源：根据中华人民共和国交通运输部网站"统计数据"栏目整理。

整体上看，七大港口在2013—2021年期间的货物吞吐量呈现不同的发展态势（图4-1），其中宁波—舟山港的货物吞吐量呈现大幅增长；广州港、青岛港呈现稳步增长；上海港、天津港、泉州港的货物吞吐量基本持平；大连港受区域经济发展拖累，2018年以后的货物吞吐量出现显著下降趋势。

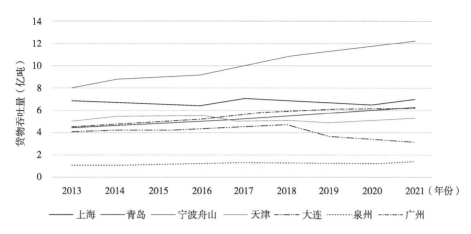

图 4-1 上海等七港口 2013—2021 年期间的货物吞吐

数据来源：根据表 4-1 至表 4-7 的数据整理制作。

七大港口在 2013—2021 年期间集装箱吞吐量呈现类似发展态势（图 4-2），其中上海港、宁波—舟山港、青岛港、天津港、广州港的集装箱吞吐量呈现大幅增长；泉州港的集装箱吞吐量保持相对稳定，但总体规模较其他港口明显偏小；大连港受区域经济发展拖累，2013 年以后集装箱吞吐量出现持续下降趋势。

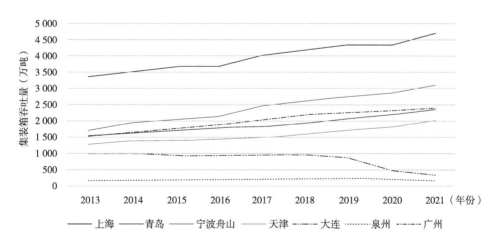

图 4-2 上海等七港口 2013—2021 年期间的集装箱吞吐量

数据来源：根据表 4-1 至表 4-7 的数据整理制作。

二、其他物流形式发展现状

(一) 跨境电商物流

1. 跨境物流基础设施初具规模

随着"一带一路"倡议的不断推行，强大的物流系统已成为"一带一路"建设的坚实基础。中国早已开始与沿途各国合力构建一条由陆海空、石油管线及通信网络共同构成的新时代跨国交通运输网络系统。在陆路运输方面，中欧班列在国内已形成中西部等几个"中心"，开辟了"渝新号""兰州号"等列车专线，贯通了国内外的 55 个大中城市；海港建设和通航工程也已实现初步目标，取得相当成就。截至 2018 年底，中国海港公司已与 600多个重点海港实现国际航线的联系，并且积极参与沿途国家港口的建设与运营。其中，与希腊比雷埃夫斯港、斯里兰卡汉班托塔港、巴基斯坦瓜达尔港等 34 个国家的 42 个海港合作共建，在此过程中发挥各自的比较优势，努力建成符合要求的新时代高水平港口。

2. "一带一路"沿线物流发展依托政府支持和民间资金

在"一带一路"的快速发展过程当中，离不开对沿途区域的投资和建设。从 2013 年到 2018 年，我国企业对"一带一路"沿途各国的直接融资达到 900 亿元。同时，发挥我国基建设施方面的优势，承包各国企业的工程合同额超过 6 000 亿美元。另外，国家政府部门将对物流公司的投资进行优惠政策扶持。国务院办公厅在"十三五"计划提出，鼓励符合条件的跨国物流业通过开展债券和挂牌投融资等多种形式筹集资本。与此同时，政府不断推行便利化货币政策，开展以人民币对本币的统一结算服务，有效减少了人民币波动对物流企业生产成本的冲击，为跨国物流公司的发展提供了良好的财务政策支持。

(二) 跨境快递

"一带一路"倡议在中国与沿线国家和地区的贸易中不断推进，因此对物流企业的需求不断增长。据国家邮政局统计，2021 年，国内快递服务企业营业量为 1 082.96 亿件，比上年增长 10.7%，快递国际跨境业务量为 21.04 亿件。我国快递业发展迅速，跨境供应服务业能力逐步提升，中国物流技术和供应链管理提升了世界速度。推进"一带一路"倡议，应重视邮政业，加强国际快递运输能力建设，特别是国际航空物流建设。例如，圆通快递在香港国际机场建立一个全球物流中心；中国邮政在美国、澳大利亚、日本等国家和地区，建立了 144 个跨境电商仓库和工业园区，11 个海外仓库。顺丰快递的国际快递服务覆盖全球 71 个国家和地区。

1. 中国邮政

中国邮政一直积极参与"一带一路"物流建设，服务沿线国家的发展需求，拥有国际物流平台，在促进"一带一路"邮政服务方面发挥着重要作用。

目前，中国邮政在 200 多个国家和地区都开展了业务，跨境电商出口的小包业务中，中国邮政占据了跨境电商 60% 的业务，是"一带一路"倡议的重要物流方式。未来，中国邮政将深化与"一带一路"相关国家的合作，加强"一带一路"邮政网络建设，不断优化航空邮路，充分发挥邮政和快递的纽带作用，更好地服务国家全面开放新模式。

2. 圆通速递

2018 年 8 月，中欧班列"圆通号"首次从义乌西站出发，前往莫斯科。上海远通集团有限公司、义乌天盟实业投资有限公司将共同运营中欧圆通列车。列车的成功开行也标志着义乌中欧班列在市场化、多元化、一体化和国际化方面迈出了坚实的一步。同时，圆通集团浙江总部和义乌智慧园项目的建设也正式启动，项目以"物流中心+贸易+全球集体运输网络"为平台支持，是圆通集团在义乌投资的重大项目之一。2018 年 8 月 15 日，圆通航空开通了飞往中亚的航班：第一条从天津到阿斯塔纳，第二条从天津到阿拉木图。阿斯塔纳和阿拉木图是"一带一路"沿线的重要城市。阿斯塔纳被称为欧亚大陆的心脏，而阿拉木图则是中亚五国的商业中心，商品供应丰富。业内人士认为，这条航线的开通将打造一条从中国到中亚的空中走廊，不仅可以在最短的时间内将中国的特色产品运送到哈萨克斯坦，而且有助于促进哈萨克斯坦特色产业链的发展。

3. 顺丰

顺丰于 2010 年开始拓展国际业务，致力于为国内外消费者提供便捷可靠的国际快递服务，制订物流解决方案，包括市场准入、运输、清关、派送在内的一体化的进出口解决方案。国际业务覆盖全球 71 个国家和地区。跨境电商小包系列产品覆盖全球 200 多个国家及地区，为跨境电商出口卖家提供优质可靠的物流服务。

（三）管道运输

管道交通运输，是指将管道用作交通工具的一类交通运输方法，通常运送较远距离的燃气和石油燃料，是"一带一路"沿线运输网络的重要组成部分。管道运输能够大量、安全、快捷地运送燃气和石油物品，并且具有占用小、收费低的优势。

"一带一路"沿线国家能源发展前景较好，因此要加强能源合作，推进基础设施、尤其是沿线的管道建设。随着"一带一路"倡议的提出，中国与沿线的合作力度不断加大，中哈、中亚、中俄、中缅等地区的管道建设相继投入并建成，沿线国家的管道运输网络不断完善，覆盖范围不断扩大。"一带一路"倡议对于巩固中国既有的能源供应通道，有着现实长远的双重意义。

三、"一带一路"物流体系的瓶颈因素分析

根据前述不同物流形式的发展现状和存在的问题，结合国际物流的功能要素分析，我们认为"一带一路"物流体系建设和运营主要存在以下瓶颈制约。

（一）物流基础设施瓶颈

首先是部分战略物流通道尚未打通，存在着众多"断头路"。目前能够投入运营且运能较大的物流通道主要是大陆桥物流通道和中俄蒙物流通道，以运行中欧班列为主要物流形式；而中国—东盟陆上物流通道中，东线的中越通道货运并不通畅；中老铁路虽已开通，但联通的地区经济相对落后，货运量不大；中泰、中缅铁路通道尚未开通，物流以公路运输为主；中巴综合物流通道建设取得重大进展，瓜达尔港已经正式投入运营，但中巴物流通道及两端的转运服务体系还比较薄弱，尚未投入整体运营；而孟中印缅、中国—中亚—西亚物流通道则因为种种原因，铁路通道打通仍然是中远期目标。从完善整个"一带一路"物流体系来看，未来应增加中朝韩日陆上物流通道规划，以建设中朝韩日铁路或者泛东亚铁路建设为主要支撑。另外"一带一路"物流体系建设应重点推动第三亚欧大陆桥的开通，加强我国和东南亚、印度、中东、欧洲的陆上货运联系。此外，应规划推动"一带一路"物流体系和非洲的陆上联通。

其次是物流基础设施标准不统一，部分区段物流设施质量较差。"一带一路"物流通过众多国家，由于历史的原因，不同国家或区域的铁路轨距、物流设备标准和作业标准都存在差别，导致物流便利化程度较低。大多数沿线国家属于发展中经济体，物流交通设施陈旧，信息化、机械化、自动化水平低，换装和通关效率低，影响了列车运行速度和运力的充分利用。

此外，"一带一路"关键物流节点建设缓慢也影响了整体运力的发挥。由于存在政治顾虑，或国内政府更替，或域外国家的阻挠，部分国家对"一带一路"枢纽性物流节点的建设不支持或不积极，导致关键物流节点建设缓慢，对于提升物流区域服务能力产生了不利影响。例如，中资参股建设的汉班托塔港、皎漂港、达尔文港都曾中途出现过障碍或变故。

由于存在众多的物流通道和关键节点等物流基础设施缺失等因素，当前"一带一路"陆上物流通道运力尚显不足。根据交通运输部数据，2020年国际海运仍然承担了我国约95%的外贸货物运输量，"一带一路"陆上通道、空中通道完成的外贸运输量还不足5%，运力有限。备受关注的中欧班列运输，在2021年全年开行量达15 183列，货值749亿美元，占我国2021年外贸总额6.05万亿美元的1.24%。陆上物流通道相对于海上物流通道的经济成本和时间成本优势没有充分显现出来。如果发生海上通道因故中断，陆运通道对海运通道的替代率还很低。

（二）物流运作效率瓶颈

物流效率不高是"一带一路"物流体系的一个突出的现实问题。物流效率不高体现在多各方面，如装卸效率低、口岸换装能力低、口岸通关效率低、物流节点配送效率低、开展多式联运效率低等。可以说物流效率问题是一个"永远在路上"的问题，需要从硬件、技术和管理等多角度不断提升物流运作效率。

首先是硬件差异或硬件落后导致效率较低。目前"一带一路"铁路物流通道的主力通道亚欧大陆桥通道和中俄蒙通道，以及以这些通道为基础开行的中欧班列，都面临着铁路轨距不同带来的高昂的换装成本问题；加上换装能力不足、换装设备落后，也大大影响了列车运行速度。

其次是部分国家通关、商检等行政效率低下制约了物流效率。"一带一路"物流通道往往途经多个国家，部分国家经济相对落后，在贸易物流便利化和国际贸易"单一窗口"建设方面发展滞后，导致通关商检效率低下。

再次是部分口岸或物流节点的信息化水平发展滞后，难以实现全程信息联网和监管互认，智慧物流发展程度低，信息传输和商品通关商检及转运的效率较低。

(三) 物流体系建设的政治障碍

政治障碍是影响"一带一路"物流体系建设的首要因素，既影响物流基础设施的建设，也影响物流体系的运营效率。这里所谓的政治障碍泛指阻碍"一带一路"物流体系建设和运营的政治及社会因素，如大国战略竞争与遏制、领土争端、信任障碍、战略猜疑、恐怖主义、战争、动乱等。

例如，美国对中国的战略竞争与遏制越来越显性化，通过散布"中国威胁论"或拉拢胁迫盟友选边站，以各种形式阻扰中国"一带一路"倡议的实施。印度和中国的领土争端和战略猜疑也导致孟中印缅经济走廊建成遥遥无期。阿富汗战争和叙利亚战争也对"一带一路"物流基础设施的建设造成了重大阻碍，而当前的俄乌冲突也对我国开通的中欧班列平稳运行产生了重大威胁，对相关物流节点建设和相关产业跟进布局造成了重大阻碍。

(四) 物流体系建设的投融资瓶颈

由于"一带一路"物流体系存在着众多基础设施建设短板和运营效率瓶颈，需要通过完善软硬件建设来优化物流体系并提升物流效率，需要大量的投资。而"一带一路"沿线国家多数属于发展中国家，金融市场不发达，融资渠道有限，物流基础设施投资周期长风险大，因此面临着突出的投融资约束。

依据亚洲开发银行所做测算，2016—2020年，除中国外，亚太地区国家在基础设施投资方面的需求大约为每年5 030亿美元，但公共部门和私人部门的资金供给量总额仅为每年1 960亿美元，两者差额每年约3 070亿美元。按照这一比例进行推算可知，"一带一路"全部覆盖区域中的基础设施投资缺口将会超过每年约6 000亿美元。2013—2019年，中国企业对"一带一路"沿线国家非金融类的直接投资累计超过1 000亿美元。可见，融资制约是"一带一路"物流建设的重大瓶颈，仅靠中国的投资难以满足需要。

(五) 协同发展瓶颈

我国在大力推进"一带一路"物流基础设施建设的同时，应重视实现物流等相关产业和物流基础设施的协同发展，在"设施联通"基础上，稳步推进"贸易畅通""资金融通""民心相通"等目标。物流基础设施建设是搭台，重点是让经贸发展唱戏。只有产业在"一带一路"物流通道和主要节点布局并发展起来，让已建设的物流基础设施充分发挥作用、产生效益，才能更好地推动物流基础设施的进一步改善和优化，形成良性互动发展。

目前"一带一路"物流体系和产业之间协同发展方面存在诸多障碍。首先是各种物流方式之间缺乏必要的协同，多式联运发展滞后。其次是物流相关产业，如各类运输、仓储、保险、货代等企业，在"一带一路"物流通道和重点节点布局滞后，对我国商品出口和在国外投资企业的服务水平和支撑力度有待于提高。再次是我国各类优势制造业，在"一带一路"重点物流通道沿线开展产业投资的意识和积极性不高，目前虽然合作共建了一些产业园区，但聚集效应和规模效应还没充分发挥出来。另外就是我国具有较强优势的跨境电子商务和跨境快递业务在"一带一路"沿线国家存在感还有待提升，电子商务生态培育还任重道远。

鉴于以上分析，本项目认为"一带一路"倡议实施中的物流瓶颈主要体现在基础设施、政治障碍、运作效率、投融资约束、物流设施和产业协同发展几个方面，后面章节将对这几个瓶颈因素进行具体分析。

第五章 "一带一路"物流基础设施瓶颈及对策分析

一、物流基础设施瓶颈

物流基础设施是实现"一带一路"沿线国家"五通"目标的基础保障和重要条件。"一带一路"物流基础设施建设包括陆上物流通道、海上航运通道、空中丝绸之路和油气管道等物流通道建设，各类物流港口、机场、车站、货运场站、仓储设施、流通加工和配送中心等物流节点建设，以及物流信息化、便利化和政策协调沟通等方面的配套保障条件建设。

由第二章国际物流绩效分项指标对中国出口贸易影响的实证结果可知，"一带一路"沿线国家的交通基础设施情况对这些国家的进出口贸易发展产生了重要的影响。许娇等（2016）针对六大经济走廊交通基础设施建设的经贸效应，运用 GTAP 模型进行了模拟分析，结果表明"一带一路"经济走廊相关的交通基础设施建设对中国和沿线国家的对外贸易产生了积极的推动作用。Nu-no 和 Anthony（2001）通过研究表明交通基础设施对于运输成本的高低起着决定性作用，并且通过实证分析证明了非洲贸易流量低是由交通基础设施落后造成的。

陆上通道建设方面，六大经济走廊是"一带一路"倡议落实的重点方向，它的推进有利于国家之间的互联互通，节约运输成本、推进产业合作，不断提升贸易便利化和物流标准化。海上通道建设方面，随着我国深度参与运营的比雷埃夫斯港、吉布提港、瓜达尔港、科伦坡港、汉班托塔港、皎漂港港口建设完成并陆续投入运营，海上通道的运力和区域物流集散能力有了显著提升。空中通道和陆上管道建设也在持续推进或开通，尤其是"空中丝绸之路"开辟的航线越来越多，给中西部枢纽城市的外向型经济发展带来了重大机遇。

当前，随着"一带一路"倡议的不断推进，很多具体基础建设项目正在从规划走向落实，中国和沿线国家之间的物流基础设施条件有了显著改善。但"一带一路"倡议涉及国家众多、地域广阔，并且多数国家为发展中国家，相互之间的物流基础设施总体联通水平不高，联通方式还不够多元化，信息化水平和物流便利化水平有限，这些因素对"一带一路"合作目标的实现形成了显著的瓶颈制约。

整体上看，目前存在的"一带一路"物流基础设施的显著瓶颈因素如下。

（一）物流通道整体运力不足、运行不畅

1. 整体运力不足

"一带一路"倡议是我国开放和发展的战略，重点打造陆上物流通道，分散和规避海上物流通道容易受制于人的风险，扩大我国的经济腹地和市场空间。

从整体上看，目前中国一般经由新亚欧大陆桥运输商品出口至中亚和欧洲，但是此通道涉及的国家众多，物流和通关设施落后，瓶颈制约明显，总体运力明显不足。由于空运和中欧班列运输的货物一般是价值较高的货物，虽然从量上看占比较小，但却发挥着重要的作用。这也反映出"一带一路"的陆路和空中物流通道整体运力尚显不足，仍具有很大的发展潜力。

2. 陆上物流通道运行不畅，时间和经济成本高

陆上物流通道除了运力不足之外，由于经过的国家众多，存在着不同国家铁路轨距不统一、铁路设施落后、通关手段落后烦琐、多式联运发展滞后、货源与运力之间缺乏有效组织和衔接等问题，导致陆上物流通道运行不畅。

总体来看，中国—中亚—西亚国际运输走廊现有的运输方式的时间及经济成本较高，存在诸如转运过程复杂、路段缺失、路线曲折以及效率低下等问题。在海运方面，港口数量少，海运能力不足，存在物流障碍。在路程相同的情况下，巴基斯坦港口公路运输所需时间是东亚或欧洲的两倍。物流通道差距明显，港口之间联系不紧密。

（二）物流节点和配套场站不健全，多式联运系统建设滞后

1. 物流节点和配套场站设施不健全

"一带一路"各主要物流通道，应该从空间布局和经济腹地物流需求出发建设布局一批枢纽性车站、港口、机场、集装箱场站、集货中心、配送中心、物流园区、海外仓等关键节点，同时在这些物流节点配置必要的装卸设

备、集装设备、中转运输设备和必要的信息化设备，以便于开展多种运输方式之间的无缝衔接，开展国际多式联运。

目前"一带一路"物流通道上，除了中欧班列始发、终到站及中国参与运营的主要港口形成了相对稳定的区域枢纽物流节点运作能力之外，途经的大多数国家由于经济发展相对滞后，或者外贸规模有限，没有形成规模化的、稳定的物流聚集业务，尚未发挥区域物流枢纽节点的作用，配套的物流场站、物流园区和各类作业设备建设相对滞后，缺乏必要的仓储设施和流通加工能力，而与之配套的物流信息化、贸易便利化、作业标准化水平也处于起步阶段。

2. 国际多式联运系统建设滞后，区域辐射和服务能力薄弱

"一带一路"各个主要物流通道虽然形成了一部分战略性枢纽港口、车站或机场，但这些核心物流节点的数量还相对有限，并且依托这些区域枢纽节点开展国际多式联运的能力不足。即使是在国内，由于铁路、公路、航空等运输方式的主管部门不同、运营主体不同，也缺乏能够综合统筹调配各种运输方式和运输主体开展一体化运输的市场主体，导致各种运输方式之间相互竞争，缺乏协作能力。国外涉及的国家更多，障碍因素更多，情况也更为复杂，缺乏市场整合能力较强的跨国经营主体。

整体上看，"一带一路"物流通道和沿途国家的经济融合程度还较低，区域辐射能力和服务能力相对薄弱。我国有必要在评估风险的基础上，选择和中国政治关系稳定、经济发展前景良好的国家，积极投资建设区域物流中心，配置必要的转运设备和物流场站设施，形成覆盖面较广的集货能力和配送能力，提升物流信息化、贸易便利化、作业标准化水平，推动贸易便利化，引导我国跨境电商和快递业务跟进投资和运营，建设相关的产业园区，形成区域物流枢纽节点，打造"一带一路"示范性样板物流节点。

（三）基础设施投资风险大，资金缺口大

1. 投资风险增加，资金缺口较大

目前，"一带一路"沿线国家的基础设施建设处于快速发展时期，国家间的经贸往来增加，在一定程度上促进了经济的互通互联，而沿线国家地区物流基础设施的投资是互通互联的基础。"一带一路"的交通运输物流涉及陆运、空运及海运，其中陆运主要包括铁路、公路、管道、跨境桥梁建设；空运主要为机场及相关设施建设；海运主要为港口建设。交通基础设施的建设投资规模大、建设周期较长且投资回报低。此外，交通基础设施的建设不仅技术要求较高，还需要产生社会效益，因此交通基础设施的投资具有高投入、低回报的特点。

资金从投入到回报产出时间长，中途可能遭遇各种各样的风险，甚至有可能出现资金无法收回的情况。例如，2020年新冠疫情爆发，全球经济回落，海外投资环境恶化。具体说来，在投资过程中可能遇到的风险包括下列几个方面：第一，政治风险，包括政策变动、战争冲突、大国博弈等政治因素；第二，经济风险，例如受投资国家经济发展衰退等因素导致回报低于投资；第三，法律风险，例如国际投资法律相关法律缺位，无法给投资者提供完善的法律保障；第四，文化风险。一方面，涉及的沿线国家民俗文化可能影响基础设施的建设，另一方面，国际上"中国威胁论"的论调可能会使当地排斥投资建设。

2. 多边投资制度缺位，投资缺乏制度保障

当前，"一带一路"基础设施投资制度尚不健全，制度现状不能满足现实需求。"一带一路"投资制度缺位导致了投资利益保护机制的缺位，进而导致了交易成本的增加。

（四）信息化水平滞后

信息化有利于打破国际贸易信息壁垒。"一带一路"沿线国家信息化水平越高，越有利于国家间的经贸往来。但根据国家信息化发展指数分类的情况，"一带一路"沿线国家信息化发展总体水平不高，处于"中等"水平。

一方面，"一带一路"沿线各国的国情差异较大，物流建设与协作方面没有建立完善的信息共享平台，造成了贸易运输协调沟通的不畅。我国现有的国家和地方电子口岸，可以跨平台、跨行政、跨行业联网，可以核查相关数据以及网上办理进出口业务；但是国家和地方平台存在功能重合、数据冗杂、数据信息缺失、信息不对称等问题。

另一方面，"一带一路"沿线国家的信息资源共享程度低，同时信息共享平台服务水平较低，货主和货代沟通交流过程烦琐，特别是国际运输过程的信息共享、实时互通实现难度较大。此外，物流信息推广宣传也相对落后，跨部门、跨平台、跨国家的信息服务阻碍了物流信息现代化的发展，不利于沿线国家贸易往来。因此，物流信息服务水平还需要进一步提升。

（五）贸易便利化、物流便利化水平低

国内层面，国家提出了可实现的战略，但是相关配套设施没有及时落实，如法规及协调机制还不完善。建设畅通的国际物流通道，涉及的部门众多，包括政府、企业、交通、投资、海关等多个部门。此外，由于"一带一路"相关贸易资源的有限性，国内各省份可能会产生过度竞争现象，导致运输成本增加，损害了双方的利益，不利于"一带一路"物流的发展。

国际层面，货物在国际物流运输过程中，国家间不同的关税和管理政策阻碍了物流畅通。在跨境物流的运营中，对于一些争议问题，没有建立健全的法律法规，在执行方面，政府执法规范情况不同，容易引起无序和混乱，造成运输贸易壁垒，阻碍国际物流业的发展。

二、解决物流基础设施瓶颈的对策

经济走廊的建设对"一带一路"物流发展起着关键作用，它不仅是国内城市之间相互联系的纽带，更是国际区域国家层面相互合作的桥梁，在建设中需要多方面考虑，保证建设顺利进行，推动沿线各国、各地区协同发展。

（一）畅通物流通道，完善物流节点和配套设施

1. 提升现有大陆桥运能，提高跨国铁路的畅通性

亚欧大陆桥铁路建设投入使用时间较早。在运输方式上，采用了多式联运的方式，对"一带一路"起到了推动作用。新亚欧大陆桥在各方面条件更加优越，效率更高，经济成本更低，具有很高的效能。目前，从国内来看，只有一条铁路干线从新疆通往内地，铁路运输能力有限，因此，应开通新的路线，构造设施连通以及贸易畅通的综合运输网络。推进第三亚欧大陆桥的建设，有利于完善亚欧大陆的基础设施，实现物流的互联互通，减少运输里程，进一步减少物流成本和时间成本所造成的损失，有利于提升沿线国家的贸易增长潜力。第三亚欧大陆桥使得昆明市成为交通枢纽，有利于地区特有资源的开发和利用，有利于实现资源优势与经济优势的转换，有利于实现云南省从封闭状态到开放状态的改变。我国和欧洲对中亚、西亚地区丰富的资源都有很大的需求，这条通道的建设对各国的经济发展具有很大的促进作用。应积极推进第三亚欧大陆桥的建设，提高物流通道的运输能力。

2. 加速中蒙俄、中巴、孟中印缅、中国—中亚—西亚等物流通道建设

蒙古国和俄罗斯对于中国来说具有非常重要的意义，在推进中蒙俄物流建设的过程中，应不断完善以及更加合理地规划中蒙俄经济走廊的铁路建设。第一，中蒙俄经济走廊分东、西两条路线，从区域角度来看，虽然东线地区已经建立，但是从东线进入蒙古国的通道相对不经济，因此加快构建西部经济走廊意义重大。打造中蒙俄经济走廊，一是三国要尽快达成共识，打造中蒙俄国际铁路，畅通物流大通道，形成中国京津冀地区与蒙古国地带的互联互通；二是考虑到之前蒙古国出口的矿产资源一般是通过卡车送到中国，再由中国的铁路输送到俄罗斯出口，耗费时间太多，因此，可以依托蒙古国现有的矿产资源优势，从世界最大的奥尤陶勒盖塔铜矿以及温陶勒盖煤矿出发，建设一条向南出发的专门的铁路运输通道，最后并入我国铁路网。第二，中蒙俄经济走廊的建设，要充分发挥中心城市的带动作用，利用战略支点实现产业集聚。第三，加强口岸建设。口岸是国内和国际市场的纽带和桥梁，对物流建设有非常重要的作用。各国对于基础设施的建设要根据各国的需求积极改造，同时需要注意对周边城市的辐射效应，切实做到求同存异。

目前，亚欧大陆之间重要的铁路干线通道是新亚欧大陆桥、中蒙俄经济走廊，其他经济走廊尚存在部分缺失路段，对存在缺失的路段，可以根据线路设计的施工难易程度、投入成本以及各国政策等综合评价，选择性地优先建设，逐步贯通缺失路段，解决"卡脖子"问题。

中巴经济走廊项目于 2015 年 4 月 20 日启动，起始于喀什地区，与 8 个国家接壤毗邻，涉及公路、铁路、油气和光缆等通道建设，是我国对外开放的重要窗口。经双方多年的努力，第一阶段所涉及的重大项目已经基本完成，相关 22 个项目从根本上解决了巴方长期存在的电力供应紧张问题，并且部分形成了畅通的国际运输网络。2019 年 10 月 9 日，中巴两国领导人又共同签署了一系列的协议，为第二阶段做准备。当前，面对中巴物流通道建设中存在的问题，可以采取的对策主要有：第一，铁路建设方面，一方面中巴应采取措施共同应对，加紧磋商中巴铁路的规划以及具体实施方案，为打开丝绸之路南通道打下基础；另一方面，新疆周边铁路干线较少，应尽可能建设区域交通运输枢纽，将喀什打造为核心铁路运输枢纽；同时，加快铁路建设向内地延伸，促进与京津冀、珠三角等铁路的有效衔接。第二，在航空物流方面，要加快国际机场的建立、提高服务质量、完善机场或周边仓储物流等配套的基础设施，并依托新疆的各大机场，打造畅通全球的航空物流通道体系。第三，在公路建设方面，在对喀喇昆仑公路进行改造、扩建等的基础上，开展公路、铁路、油气管道、光缆"四位一体"的通道合作。

孟中印缅走廊建设方面，除了要增加政治互信，还需要重点解决现有公路的建设质量，改造现有的公路体系，主抓三大关键通道建设，以重点口岸为突破口，提升互联互通情况。孟中印缅物流通道的建设可以借鉴中国与东盟地区的"10+X"区域合作机制，建立"4+X"合作机制，针对每个国家制定不同的合作政策，差异化处理，本着平等协商、自愿互利的原则，共同探讨，谋求解决方案。

除此以外，受中亚、西亚地区地势复杂、安全情况以及经济情况影响，在推进中国—中亚—西亚物流通道建设时应提前建立有效的沟通机制、合作机制，争取推动中吉乌铁路尽快开工建设。同时，积极推进中泰铁路顺利竣工，进一步建立互联互通的铁路网。

3. 完善国际物流协作体系

在完善国际物流协作体系方面，应加强与沿线国家的沟通合作，制定共同的建设方案和国际运输标准，建立科学的协调机制，设立有效的运行组织，明确分工、整合资源，减少空拉现象；进一步完善"一带一路"沿线各口岸的基础设施，建设区域性物流节点和场站设施，加强设施设备改造。优化提升中欧班列和新亚欧大陆桥的作业模式和流程，解决中欧班列存在的返程不足、空载、线路重复等问题，推动互联互通建设，提高运输效率。

（二）创新投融资模式，鼓励使用多元的配套金融服务

不同的投融资模式可以吸引不同的投资者，"一带一路"沿线的投资需求大，这种投资项目的建立显然离不开金融服务的支撑作用，投资项目除了要借助政府的力量，还需要私企、跨国企业等的帮助。

1. 鼓励采取 BOT、PPP 等各种灵活的融资经营方式，扩大融资规模

BOT（即建设—运营—移交）模式和 PPP（政府和社会资本合作）模式中，前者的主体为私营企业，后者为公共部门和私人部门合作，这两种融资方式在我国交通运输业如公路、铁路、城市地铁等方面都逐步应用了起来。新型的融资方式为政府和私企之间建立合作提供了很好的平台，资本市场的不断加入也为"一带一路"建设提供了有力的支撑。

BOT 融资方式如果有政府担保，会吸引大量的国外资本和私人资本。例如，吸引包括美、日企业在内的私人资本投入物流通道建设，可有效减轻政府财政负担，加快物流基础设施的建设，促进"一带一路"倡议的实施。我国铁路近年来的盈利能力一直比较可观，加上政府的担保，为 BOT 融资方式的实施制造了前提。政府最好能够在铁路运营、土地优惠政策、自主定价、外汇汇兑等方面做出一些担保，政府的支持在一定程度上决定了 BOT 项目的成功。

PPP 项目在实施时，如果让权威性高的政府发起，更容易得到债务和股权融资，可以为"一带一路"未来的发展提供资金保障。沿线国家政府之间也要多沟通交流，制定有效的政策为 PPP 项目提供保障，进而提高"一带一路"建设的效率。PPP 项目不仅需要中国和当地国家参与投资，还可以吸引其他国家进行投资，利用国际金融组织和银行的合作，为"一带一路"沿线物流建设提供贷款及制度保障。

2. 加快打造多元化金融服务体系

政府以及相关部门应该做好顶层设计，让市场机制充分发挥作用，尽力调用多方资源，共同打造国际金融服务体系，最终服务于"一带一路"沿线国家。金融业要发挥主动性，积极主动服务"一带一路"发展建设中的各个主体。同时，也可以通过金融机构、产品服务的创新和多元化，主动吸引和领导资金的流向，如创新外汇储备管理机制、外汇管理方式以及跨境人民币的产品与服务等，为"一带一路"沿线国家的经济增长注入活力，从而加快改善资金不足问题，促进"一带一路"基础设施建设发展。此外，在建立金融服务体系的同时，为规避可能的金融风险，保障沿线通道的健康平稳发展，可以考虑提供组合化的保值金融品种及避险工具。

3. 多层面防范风险

一是中国政府应加强国家层面的统筹协调和政策支持。"一带一路"沿线涉及国家众多，利益交织复杂，中国政府应统筹和协调利益各方的诉求，做好相关的顶层设计，加强沿线各国家政府间的协定，明确界定各方的权利和义务；二是中国企业应增强自身的安全风险方面的防范意识。企业是具体项目的实施主体，应不断地摸索和总结，尝试探索建设适合跨国合作的新模式，尽力减少外在风险所带来的损失及影响。企业应高度重视沿线国家的安全形势，对相关的国家地区进行风险及安全方面的评估，建立预警方法和机制，完善风险预防体系。企业应积极了解并融入当地社会，学习和遵守当地的法律习俗，加强宣传教育，让沿线的民众能够充分感受到同中国合作所带来的机会；三是中国与沿线国家政府以及相关的机构应该保持密切联系，通过内生性规则整合优化现有的制度供给路径，实现"一带一路"基础设施投资的有效制度供给。内生性规则整合不仅能满足基础设施投资的制度需求，也能解决当前建设发展"一带一路"基础设施投资制度供给存在的诸多问题。

（三）提高物流信息化水平

1. 建立"一带一路"物流项目信息服务平台

"一带一路"倡议虽已提出多年，但是许多沿线国家的政府和民众对于"一带一路"物流建设的布局、实施情况以及项目建设的实际意义的了解仍然非常有限。同时，一些节点国家对于中国提出的物流建设和协作的回应并不积极。因此，要积极打造全面多式联运信息服务平台，整合铁路、公路、报关、检验检疫等信息资源，推进铁路与公路、公路与水路、铁路与航空等多式联运信息的互联互通。物流项目信息服务平台可以依托"中国一带一路网"将可公开的项目建设目标、预算、进程、运行模式、预计效果等信息对沿线各国进行公示，使上至政府下至普通民众都能了解"一带一路"物流项目建设的意义、进程和效果。信息的透明化能让各参与国对物流建设项目有更深刻的了解，能更准确地依据本国的国情对物流相关合作项目展开部署。

信息服务平台还应及时发布重点沿线合作国家和地区的风险评估和风险信息。及时发布合作地区的政治稳定情况、恐怖主义及战争动乱情况、投资风险评估等信息，也可以成立研究所或委托相关研究机构发布"一带一路投资建设安全指数"，便于投资者和建设者尽早根据风险信息进行项目风险评估和投资决策。

2. 培养物流信息建设人才

要利用机遇，大力发展国际物流产业，吸引国内外人才，完善专业物流体系。国内方面，开设专业化、对口化课程，储备充足的信息人才；国际方面，加强国际交流，积极学习国外的先进知识与技术，引进物流高端人才。

（四）促进贸易、物流便利化

1. 加强贸易便利化、物流便利化合作

着力研究解决贸易便利化问题，协商建立国际认同的、标准的、统一的

海关程序，制定统一的贸易规则和运输法规等。在"一带一路"沿线参与国家建立自由贸易区，可以为来往贸易提供便于交流和管理的平台，增强沿线贸易的多边联系和合作。消除贸易壁垒、降低非关税壁垒，共同提高技术性贸易措施透明度，促进贸易便利化、物流便利化。重视对物流企业人员进行必要的培训，增强其工作能力；重视海关工作人员的专业培训和继续学习，不断提高其工作效率和协调能力。推进国际贸易"单一窗口"建设及互联互通建设，大幅度提升海关、商检等环节的作业效率。落实世贸组织《贸易便利化协定》，进一步强化"一带一路"沿线各地境内外通关机构的合作协同，促进沿线形成更加便捷高效的跨境通关一体化机制。

积极进行技术、投资等方面的合作，扩大双方之间的贸易量。而在推进与发达国家的贸易便利化进程中，主要就通关流程、过境管理方面的合作进行协同。可以使收费目录清单更加合理化，引导和鼓励口岸经营服务单位（如报关、物流、仓储等）降费增效。各相关部门应加强口岸通关新政策、新模式的宣传讲解，确保企业熟练掌握通关、跨境的政策措施，并积极督促落实，完善外贸企业、物流企业与海关部门的沟通渠道和平台，构建优质的区域内和沿线国家之间的营商环境。积极同沿线国家商建经贸合作区、自由贸易区，更好地释放发挥合作潜力，最大限度地实现合作共赢。推进沿线各国海关、铁路、航空、港口及运营企业间的信息化建设，打造便捷高效的数字化沿线物流体系。

2. 推进国际多式联运发展

国际多式联运不断的发展与建设在"一带一路"建设中发挥了非常大的作用。推进国际多式联运发展，在提高物流运输效率的同时，还能极大地降低运输成本。因此为实现六大经济走廊与多式联运体系的有效连接，促进各种运输方式以及组织模式之间的高效转化，应着力提升国际多式联运的服务水平。首先，政府应该协调和出台有关服务质量考核等的政策措施，为企业提供必要的技术支撑，选派技术专家以及顾问团队，搭建多式联运论坛平台。其次，积极发展多式联运以及配套的服务设施，重点打破交通运输枢纽与运输方式之间的衔接不畅，积极推进"一带一路"区域陆运、水运、空运等组合联运，实现互联互通，完善各类运输通道、航线网络，实现物流跨运输方式的无缝衔接。

3. 提升物流节点作业能力

现有物流节点换装作业的情况还需要进一步加强，发展配套的物流工业园区，积极推进多式联运发展。多式联运的优势非常明显，但是需要的技术水平也非常高，突破多式联运的关键技术，就可以发挥其低成本的优势。

（五）积极创设跨国物流企业，统筹跨国通道的建设和运营

目前，"一带一路"主要物流通道和配套设施建设是由各国各自负责本国区段的建设和管理，部分国家由于经济实力、技术能力、安全考虑等因素，对一带一路物流通道建设重视程度和积极性并不高，导致在主要通道上存在众多的薄弱环节或瓶颈制约。加上各区段和节点的软硬件设施标准不统一、信息不连通、法律法规差异、作业效率不同，导致物流通道的运输时间、运输成本都居高不下，相对于海运并没有体现出应有的优越性和竞争力。

从多国政府层面或企业层面积极推动诸如新亚欧大陆桥物流总公司、中俄蒙通道铁路运输总公司、"一带一路"空运联盟、"一带一路"快递联盟等企业组织创设的跨国运营主体。鼓励各国主要铁路、航空公司、快递企业等运营主体以参股形式加入跨境物流集团统筹跨国物流网络和节点的设计和建设，统一运营该线路或该区域的物流业务，根据持股比例进行利润分配。这种跨国企业和沿线每个国家的利益均攸关，因此，受到的抵制和排斥会小一些。由该物流企业统筹运作，可以最大化地把相关成本内部化，对于缺乏资金或技术的国家，可以灵活采用 BOT、PPP 等投资运营模式，改善国家的基础设施，吸引直接投资进行园区建设，增加东道国的就业和财政收入，推动相关国家经济发展。

第六章 "一带一路"物流运作
效率瓶颈及对策分析

一、"一带一路"物流运作效率瓶颈

自"一带一路"倡议提出以来，中国积极地向世界传授中国经验，以中国技术以及中国速度惠及周边沿线国家。交通运输基础设施的发展是各行各业发展道路上的基石和骨架。随着"一带一路"倡议的深入推进建设，不仅使我国"一带一路"沿线中心城市的国际物流节点建设得到了发展，也使得国际物流的综合效益得到了进一步的加强，构建起了以航空口岸、港口为中心，以铁路、公路、水路为网络节点的境内全球物流体系。

国内交通网络的进一步建设，使我国与沿线其他国家的货物运输和流动更加紧密地联系起来，交通网络的构建为中国及沿线各国的城市、机场以及港口物流业的发展提供了契机。一方面，物流活动与"走出去"的发展新格局紧密相连，构建起由我国进行投资、建设和运营的"物流、产业、城市（园区）"一体化模式的合作平台，从而实现物流产业与相关产业之间的联动发展。另一方面，由于经济全球化与各项开放政策的实施，国际产能合作规模扩大，因此沿线各国的贸易活动也日趋频繁，从而促进了我国及相关国家物流体系的建设和运营，同时也促进了依托于物流行业的行业企业的发展，这是物流业国际化发展的契机所在。

但是大量的贸易往来，对沿线各国物流设施的设备及运作提出了挑战，货源与运力之间缺乏有效的匹配组织，物流方面的问题与障碍仍然存在，在一定程度上可以说物流效率始终是制约"一带一路"物流发展和其他重要目标实现的瓶颈因素。

为了更加明确地找出问题所在，本章节主要通过数据包络模型（DEA模型）实证分析沿线各国的主要枢纽城市、国际港口及机场的物流运作效率，并分析影响物流效率的主要因素，以期进一步打破物流运作瓶颈，促进各国物流业的发展。

DEA模型分析应用的数据类型一般为截面数据，以对比多个观察对象在某一时点的 DEA 效率。为了突出"一带一路"倡议实施对物流枢纽城市物流效率的动态影响，本文分别选择 2015 年、2018 年、2020 年的截面数据做了 DEA 效率测算，并对不同时点上的效率进行了比较静态分析。为进一步考察枢纽物流港口物流效率随着"一带一路"倡议实施发生的变化，本文构建了三阶段超效率 DEA 模型，引入了随机前沿模型（SFA）和 Malmquist 指数，测算了 2015—2020 年连续时间序列情况下的 DEA 效率变化，并引入环境变量对各港口 DEA 效率进行了修正，最后进行了 DEA-Malmquist 指数动态效率评价。

（一）我国"一带一路"枢纽城市物流效率实证分析

1. 枢纽城市物流发展现状

"一带一路"项目建设仍在持续进行，随着我国与世界各国以及相关地区贸易活动的增多，联系往来也更加频繁，我国对贸易往来导致的派生需求即物流业务需求也越来越多，对物流业务效率和服务的要求也越来越高。整体来讲我国的物流运输分为两个部分，即海路运输和陆路运输。海路运输主要服务于"一带一路"沿线南部的地区和国家；陆路运输主要服务于"一带一路"沿线北部的地区和国家。这两种运输方式都是以中国为运输起点，途中经过一系列重要城市，最终到达新加坡、印度、土耳其、巴基斯坦和地中海等国家和地区。

"一带一路"中的"一带"包括六大经济走廊。六大经济走廊涉及不同的中国起点城市，本文主要选取的城市有中蒙俄经济走廊中的天津和包头，新亚欧大陆桥中的郑州、西安和兰州，孟中印缅经济走廊中的昆明，以及中国—中南半岛经济走廊中的成都、南宁、广州和福州等城市。自 2013 年"一带一路"倡议提出后，相应政策随之出台，重点沿线城市抓住发展机遇，基础设施、技术创新、资金支持使得区位优势得到充分发挥，物流业也随之得到发展。为了进一步研究"一带一路"给枢纽城市物流产业带来的变化以及不同城市之间的物流业发展的实际情况，从静态和动态两方面分析资源的冗余或不足，能够为枢纽城市物流产业的进一步发展提供借鉴。且现今不同城市之间交通物流设施设备基础与本身物流发展仍存在各种弊端，物流产业效率的研究与分析是必不可少的。

天津是中蒙俄经济走廊的主要节点，拥有海空两港的核心资源，有着重要的区位优势。天津现有 7 个国际物流园区，包括依托于天津机场建设的航空快递物流园区以及东疆保税港区建设的以快件海淘保税为主导的快递物流园区等，上述基础设施的建设与运营可以更好地支撑天津物流业的快速发展。但天津目前仍缺少独立且完整的公共城际客运体系，在长期的规划建设和实际运营中仍存在如重客轻货的此类问题。此外，从跨区综合交通网络的合理建设方面来看，天津铁路部门仍表现出缺乏长远统筹规划、交通物流效率不高等问题。

包头是"一带一路"网络中的核心和重要城市，是向北开放的重要通道，在"一带一路"走廊中有着重要的价值和良好的贸易条件。处于欠发达地区的包头在技术创新方面发展相对缓慢，"一带一路"为包头市提供了有效沟通与交流的技术平台，综合物流园区和国际物流借着东风发展迅猛，"互联网+"更是刺激了包头市物流业的创新。

郑州位于河南，是大陆内部地区连接"一带一路"沿线的核心城市，同时也是中欧国际铁路物流线路上的中心城市。"新丝绸之路"中的一条线路，以连云港为起点，连结郑州、西安、兰州，从中亚贯穿欧洲。看这一中心线路就可以知道，代表内陆地区的郑州在"一带一路"沿线物流运输中占据着举足轻重的地位。2021 年，据郑州市发布的统计公报可以了解到，郑州市全年铁路货物周转量达到 156 亿吨千米，完成货运量 25 818.7 万吨，较上年增长 12.0%，其中完成铁路货运 1 490.3 万吨，较上年增长 9.3%。

西安将"一带"的核心区连接起来，贯通南北、承东启西。一直以来，西安都致力于建设"一带一路"国际性综合物流枢纽。2018 年西安物流业增加值超过 800 亿元，为 837 亿元，比 2017 年增长 14.98%，其中第三产业中的交通运输、仓储和邮政业 GDP 为 357.49 亿元，2019 年实现增长 6.7%；2020 年，尽管受到新冠疫情的影响，西安市的交通运输、仓储和邮政业部门的 GDP 相比 2019 年仍有增长。

兰州地处古代丝绸之路的咽喉要冲，是亚欧国际货运班列的中转枢纽，是甘肃进行产业转移、通往国际市场的重要途径。在"一带一路"倡议的持续推进下，兰州成为塞上地区对外开放的前沿城市，开拓了西北地区的经济发展格局。2020 年，兰州市邮政业务总量达到 18.62 亿元，全年平均增长率为 25.96%。完成邮政函件业务 490 余万件；包裹业务 8.56 万件；快递业务量 6 390.73 万件，较上年增长 21.60%；快递业务收入突破 14 亿大关，达到 14.14 亿元，较上年增长 17.25%。

昆明作为云南省会，不仅担负着连结孟中印缅走廊的建设与发展的责任，同时作为我国南部面向东南亚国家发挥辐射作用的重要城市，在我国实施"引进来"和"走出去"的贸易新格局中担任重要门户。昆明作为辐射东南亚的中心城市，先后完成了中缅油气管道贯通与越南、老挝和缅甸等国局部高压等级电网的基础设施建设，为中国与东南亚国家共同发展做出了突出贡献。昆明市与大湄公河次区域五国以及印度、斯里兰卡、孟加拉国的区域性国际语音通信及数据交换中心的建成，促进了中国与东南亚交界各国的交流与沟通。

成都作为历史上"南丝绸之路"的起点、"北丝绸之路"的货源供应地，在"一带一路"倡议的实施下，由普通的内陆城市转变为国家向西南开放的前沿城市。国际区域铁路枢纽是成都发展的方向，此外，成都也在积极推进对外高铁通道的规划建设。"三环十三射"高速公路网络的大力推进，为成都物流业的发展提供了物流基础设施和发展机遇。

南宁市是中国连接中南半岛的大陆桥，在中国—中南半岛经济走廊的倡议下，中新南宁国际物流园区、中新互联南线走廊、机场物流园区基地等设施的建设和运营持续深入推进，形成了集集散中心、仓储、物流、冷链、工业加工等功能于一体的综合性物流园区——中新南宁国际物流园区，以上物流园区设施的不断完善为南宁物流产业提供了难得的发展机遇。2020年，在全国外贸出口大幅减少的情况下，南宁市实现逆势增长，同比增长率为31.8%。

广州作为国际物流大通道中的重要城市，是中国公布的第六个中欧国际货运班列通行城市。2018年，广州市中欧班列共发运65列，相对2017年同比增长47%。2019年前4个月，广州海关负责监管的"穗满俄"中欧班列共发运15列，货值约7.6亿元人民币。2020年，广州中欧班列年内新增5条班列线路，全年开行进出口班列111列，同比增长率超过60%。同时，发运标准集装箱实现10 446个，同比增长67.89%；发运货重达5.48万吨，增长81.14%；发运货值超30亿元，增长7.05%。

2018年，福州自贸片区先后实施创新举措共27项。福州长乐国际机场新增以莫斯科、巴黎为终点的两条国际直飞航班，空港出入境旅客比上年增长23.5%。为了加快实施开放门户战略，还与比利时列日市、毛里塔尼亚努瓦迪布市缔结了友城关系。2021年前后，福州长乐国际机场计划运营33家航司，其中线路连通9个国家和地区的87座城市的90座机场，航线总量达138条，共17 427个航班。2021年，福州市交通运输、仓储和邮政业增加值达 433.21 亿元,相比 2020 年有不小的增长,增长率为 16.0%;全年沿海港口完成货物吞吐量 21 066.35 万吨,相比 2020 年增长了 5.6%。

2. 指标体系构建

对于物流业效率的研究,可以从资源利用率的角度进行分析,可分为静态分析与动态分析。一般情况下资源利用率越高,说明供给相对平衡,资源没有产生不必要的浪费,那么物流效率也会在一定程度上有较好表现。对于以投入与产出为角度进行的研究,DEA 模型能测算出技术效率与规模效率,直观地描述物流业效率的高低,通过对输入指标与输出指标的投入与产出分别做出更好的衡量,为城市物流业的发展提供更为细致的指导意见与建议。同时,要想分析城市整体物流业发展的情况,从时间上分析物流产业的投入与产出的有效情况,Malmquist 模型可以动态地分析自"一带一路"倡议提出以来,通过距离函数表示的决策单元(即十大枢纽城市从 2015 年到 2020 年物流产业效率——全要素生产率的变化情况)。

DEA 模型即为数据包络模型,是由美国运筹学家查恩斯(Charnes)、库珀(Cooper)等学者于 1978 年提出的一种测算生产效率的线性规划方法,应用在经济、社会、物流等多个领域,是在决策单元多投入、多产出的前提下,呈现相对有效性和规模收益的一种分析方法。CCR 模型与 BCC 模型是 DEA 模型的较为传统与常见的模型,通过 BCC 模型可以通过使用 VRS 模型测算出来纯技术和规模效率,即:

$$综合效率 = 规模效率 * 纯技术效率$$

在 DEA 的使用中可以选择投入导向型或产出导向型。综合效率表示 DMU 在投入导向型或者产出导向型下的效率评价值。规模效率表示在资源投入过程中决策单元自身资源规模配置是否有效的测度,可以据此来决定投入的增大或减少。纯技术效率表示在技术效率中消除规模效率的影响后,由纯粹的技术属性变化引起的效率影响程度。

在 Malmquist 指数中,当全要素生产率 tfp 值大于 1 时,表示生产率较上一期有增长趋势;小于 1 时,则有下降趋势;等于 1 时则不变。生产率指数实际上等于技术效率变化指数 effch 与技术进步指数 techch 的乘积。而技术效率变化是生产技术的利用效率,是生产前沿面和实际产出量之间的距离变化。

目前,学术界还没有物流产业分类体系,通过查阅《中国统计年鉴》,发现物流产业分类也没有明确体现,在界定和获取明确的物流业数据上有一定的难度，但钟祖昌和张雪青等学者的观点证明交通运输、仓储与邮政业三个数据大体上能代表物流业发展的实际情况（在物流业增加值中占比 83% 左右）。

关于枢纽城市物流业的输入指标与输出指标的选取，在阅读相关文献、分析相关的城市物流业效率评价理论的基础上，遵循指标体系建立的原则，输入指标可以从资本、劳动、土地三个方面进行归纳，交通运输、仓储和邮政业固定资产投资总额是物流业发展的基础，其中交通运输方面的公路里程数越长则表示交通越便利，物流业发展基础越稳固。对于输出指标的选取，将货物周转量、物流产业 GDP 增加值两个指标进行衡量与参考，以此构建的枢纽城市物流业效率评价体系指标，如表 6-1 所示。

表 6-1　枢纽城市物流业效率评价体系指标

输入指标	固定资产投资额	用统计年鉴中交通运输、仓储和邮政业固定资产投资总额表示
	公路里程	用统计年鉴中公路里程表示
输出指标	物流产业 GDP 增加值	用统计年鉴中交通运输、仓储和邮政业 GDP 增加值表示
	货物周转量	用统计年鉴中货物周转量表示

3. 实证分析

（1）静态分析

在不考虑外部环境对物流效率影响的前提下，本文分别对我国"一带一路"六大经济走廊中的十大物流枢纽城市进行了分析。由于政策实施具有时滞性，本文选取了"一带一路"实施后的 2015 年、2018 年以及受到新冠疫情影响的 2020 年 3 个年份的截面数据进行整理，通过软件 DEAP-2.1 对 10 个城市 3 个年份的数据进行投入导向性、规模报酬可变条件下的处理，得出 10 个城市每个年份的综合技术、纯技术、规模效率值以及各个效率的平均值。当综合技术效率值小于 1 时表示该城市未实现 DEA 有效。由于综合效率值等于纯技术效率值和规模效率值的乘积，因此当纯技术效率值和规模效率至少有一个不为 1 时，则综合效率值也不会为 1。表 6-3 列出了各个城市的规模报酬情况，可以据此来对投入进行调整。十大枢纽城市的输入与输出数据、综合效率值如表 6-2、表 6-3 所示。

表 6-2 十大枢纽城市物流产业效率评价指标

城市	年份	输入指标		输出指标	
		固定资产投资额（亿元）	公路里程（千米）	物流产业 GDP 增加值（亿元）	货物周转量（亿吨千米）
天津	2015	860.77	16 550.00	764.68	2 319.77
	2018	507.52	16 257.00	816.33	1 984.28
	2020	326.94	16 411.02	815.55	1 442.01
包头	2015	78.76	6 968.00	444.00	517.13
	2018	111.03	9 169.00	507.39	690.30
	2020	90.00	9 568.00	507.22	179.77
郑州	2015	515.79	9 570.00	400.90	548.20
	2018	578.36	11 692.00	557.30	864.40
	2020	643.28	13 722.00	684.15	706.20
西安	2015	362.84	12 805.00	260.33	643.01
	2018	486.84	13 483.00	357.49	638.22
	2020	543.60	13 755.00	353.59	502.69
兰州	2015	192.97	7 750.79	122.18	127.11
	2018	132.37	7 976.11	147.14	201.89
	2020	216.65	9 124.57	238.61	226.19
昆明	2015	571.91	17 581.00	89.06	305.98
	2018	624.48	18 751.00	109.92	428.79
	2020	540.87	20 367.00	121.34	425.12
成都	2015	553.99	22 972.00	470.14	323.79
	2018	889.80	27 731.00	664.72	381.77
	2020	12.80	29 627.10	897.10	453.10
南宁	2015	326.32	12 800.00	148.85	686.92
	2018	393.39	12 943.00	292.63	742.30
	2020	389.30	1 331.50	330.63	499.46
广州	2015	671.57	9 320.00	1 265.68	8 993.26
	2018	948.42	8 975.00	1 577.95	21 487.17
	2020	1 016.78	10 202.30	1 303.65	21 619.71
福州	2015	509.51	11 716.00	243.47	1 711.88
	2018	649.54	11 477.00	337.61	2 507.08
	2020	519.41	11 617.00	331.26	3 052.10

注：数据来自各城市统计年鉴及网站资料整理。

表6-3 十大枢纽城市物流产业效率

城市	2015年				2018年				2020年			
	综合效率（TE）	纯技术效率（PTE）	规模效率（SE）	规模报酬	综合效率（TE）	纯技术效率（PTE）	规模效率（SE）	规模报酬	综合效率（TE）	纯技术效率（PTE）	规模效率（SE）	规模报酬
天津	0.412	0.476	0.866	irs	0.628	0.695	0.904	drs	0.805	1	0.805	drs
包头	1	1	1	—	1	1	1	—	1	1	1	—
郑州	0.367	0.729	0.503	irs	0.461	0.707	0.652	irs	0.593	0.702	0.845	irs
西安	0.242	0.547	0.443	irs	0.307	0.602	0.51	irs	0.33	0.672	0.491	irs
兰州	0.197	0.899	0.22	irs	0.302	1	0.302	irs	0.403	1	0.403	irs
昆明	0.057	0.396	0.144	irs	0.071	0.426	0.167	irs	0.089	0.448	0.198	irs
成都	0.259	0.307	0.846	irs	0.296	0.322	0.919	irs	0.374	0.397	0.941	drs
南宁	0.174	0.548	0.318	irs	0.287	0.624	0.459	irs	0.358	0.693	0.516	irs
广州	1	1	1	—	1	1	1	—	1	1	1	—
福州	0.251	0.623	0.404	irs	0.261	0.707	0.37	irs	0.347	0.798	0.435	irs
均值	0.396	0.653	0.574		0.461	0.708	0.628		0.53	0.771	0.663	

注：表中 irs 表示规模报酬递增，drs 表示规模报酬递减，一表示规模报酬不变。

由数据结果可以看出，十大枢纽城市的综合效率随着时间发生变化，只有包头和广州的综合效率、纯技术效率和规模效率值在 2015 年、2018 年和 2020 年都为 1，呈现出 DEA 有效，其他城市的综合效率值不同程度上都小于 1，与最优效率值有一定的距离。这在很大程度上说明包头市和广州市不存在投入冗余和产出不足的现象，资源配置结构较为稳固，相互之间的配置比例较为恰当，在 10 个城市中综合效率位列前茅。

如表 6-3 所示，2015 年，天津和成都两市的规模效率高于纯技术效率值，且二者的综合效率值均小于 1（这主要是由技术效率导致的）。"成都模式"对多种物流项目投资设立补助，物流规模扩大的同时，促进了物流行业的发展，从而使得物流产业的规模效率随之提高；但成都在管理和技术水平层面相比较低，纯技术效率呈现出较低的状态。而郑州、西安、兰州、昆明、南宁及福州与其相反，纯技术效率大于规模效率。这说明物流基础设施设备需跟随管理与技术水平的提升而不断扩大，只有在硬件充足的基础上进一步发展软件，物流产业的综合效率才能进一步提高。

2018 年的 DEA 效率值中，最为引人注目的是兰州的纯技术效率值呈现为 1，规模效率却远远小于 1，较少的物流基础设备设施成为其物流产业发展的绊脚石。郑州在 2018 年的规模效率大于纯技术效率，与 2015 年的状态相反，这很大程度上体现了郑州市在这三年中物流业的发展有一定的进步，基础设施不断增加，物流规模相应扩大，但也提示郑州在管理和技术支持方面不能松懈。其他城市的纯技术效率值与规模效率值都呈现出不同程度的提高，物流产业发展总体向好。

2020 年的 DEA 效率值中，可以观察到除了包头和广州的纯技术效率值为 1 之外，天津和兰州的纯技术效率值也为 1，天津的规模效率为 0.805，高于平均值 0.771，根据规模报酬递减一栏可知天津存在投入变量的冗余，因此可以适当减少固定资产的投入。兰州的规模效率为 0.403，低于平均值，表明效率受到了来自基础设施投入不足的阻碍，需要增加输入指标的投入。

（2）Malmquist 指数动态分析

根据表 6-4 可知，除了包头市以外，其他 9 个城市的 tfp 值均大于 1，说明从 2015 年到 2020 年，9 个城市的物流产业效率均得到提高，实现较为平稳的发展。

表 6-4　十大枢纽城市物流产业效率指数及其分解

城市	效率变化 （effch）	技术变化 （techch）	纯技术效率变化 （pech）	规模效率变化 （sech）	生产率指数 （tfpch）
天津	1.397	0.925	1.287	1.086	1.292
包头	1	0.964	1	1	0.964
郑州	1.272	0.892	1.313	0.969	1.135
西安	1.167	0.891	1.09	1.07	1.04
兰州	1.429	0.914	2.22	0.644	1.306
昆明	1.247	0.907	1.26	0.989	1.131
成都	1.201	0.887	1.27	0.945	1.065
南宁	1.431	0.945	1.46	0.98	1.352
广州	1	1.134	1	1	1.134
福州	1.174	0.972	1.196	0.982	1.141
平均值	1.223	0.941	1.276	0.958	1.15

郑州、西安、昆明、成都及福州的物流业全要素生产率不相上下，且都存在技术效率大于 1、技术进步指数小于 1 的状态，这在一定程度上说明技术进步是阻碍城市物流业全要素效率进步的阻碍因素。结合上述综合效率呈现的结果，郑州、成都物流业的管理水平和技术水平的进一步提高十分必要。在"一带一路"背景下，西安的重要节点地位以及技术和人才储备吸引了大批物流企业，京东物流总部落户西安航天基地，菜鸟物流的落地使得西北地区不断向智慧物流中心推进，整体物流技术水平将会进一步提高。兰州推动形成大商贸、大物流、大市场格局，兰州国际陆港、兰州公路物流港等重大物流项目建设的投资，进一步促进了兰州物流产业的发展，物流产业效率将会随之提高。2015 年，福州开启了智慧城市发展战略，建设了 5 条陆路国际运输大通道。中亚货运班列稳步推进，物流基础设施不断完善，物流产业集聚发展不断推进，技术效率进步明显。2018 年建设的智慧物流项目福清公路港也体现了福州物流技术的创新与进步。

广州不管是技术进步还是技术效率都呈现出大于 1 的状态，相关因素对物流产业生产率起到了促进作用。

广州的技术效率与技术进步指数最为相似，呈现出大于 1 的状态。广州积极融入"一带一路"建设，在技术支持与基础设施建设中有着巨大成就。

物流科技创新、物流模式创新不断整合物流资源,互联网+物流不断促进广州市物流产业效率的提高。广州积极发展多式联运,形成"公铁联运""海铁联运"以及"海公铁联运"的发展趋势,物流发展也更胜一筹,物流产业生产率不断提升。

天津、兰州和南宁的物流业全要素生产率分布为1.292、1.306、1.352,均高于平均值1.15。从表中可以看出,其增长的原因主要是技术效率的增长,说明天津、兰州和南宁从2015年到2020年期间,物流基础设备不断完善,技术创新水平不断提高。在"一带一路"倡议中,天津市不断落实"一带一路"倡议,天津港大力开展"自由贸易港"模式,引导港口物流企业走向规范化和国际化,天津市积极探索多种运输方式,对运输体系、物流配送体系进行整合和完善,整体物流产业效率不断提升。兰州先成功开通了到哈萨克斯坦、阿拉木图国际货运班列,而后又成功开通了通往德国汉堡的中欧班列,并实现常态化运营。南宁物流业的生产率指数在10个城市中最高。近年来,南宁不断提升服务经济走廊建设的能力,设施联通与跨境物流、国际贸易不断取得新的重大进展。基础设施不断完善,中国—东盟国际物流不断推动建设,互联网+物流不断推进,物流网络不断完善。

而包头的物流业生产率在10个城市中表现较差,技术进步指数小于1,阻碍了物流产业生产率的提升。包头在物流产业建设中做出了一定的成绩,包头保税物流中心、国家进口肉类指定监管场地、满都拉口岸、国家航空口岸、电商等创新开放平台的建设,对包头物流业的发展有着促进作用;但是,包头市的投入与产出、包头的物流发展与其他市区相比仍然较为落后。因此,为了提升包头市的物流产业效率,需大力发展物流技术,完善基础设备建设。

(二) 我国"一带一路"枢纽国际机场物流效率实证分析

1. 国际机场物流发展现状

随着经济全球化的进行与各项政策的出台,世界各国具有更加紧密的联系。各国之间的贸易活动愈发频繁,使得国际航空客运、货物流量迅速增长,航空运输在各个国家间的远程运输也发挥着更显著的作用。机场是国际物流发展的重要载体,更是空中联通的重要基础设施。我国国际枢纽机场群以引导"一带一路"国家发展战略为导向,打造服务于"一带一路"国家战略的新时代空中丝绸之路,其主要以我国京津冀地区、粤港澳大湾区、长三角城市群和成渝城市群所在四大国际枢纽机场群为核心,发展全方位的国际航空通道，辐射中亚、东南亚、西亚、南亚，以此沟通欧洲、非洲、拉丁美洲、大洋洲等的远程国际航空圈层。我国国际机场体系总布局如表 6-5 所示。2017 年，在"一带一路"国际合作高峰论坛上，中国民用航空局提出，中国拟加强与"一带一路"沿线国家的通航，重点推进西安、乌鲁木齐等门户枢纽的国际航权开放。截至 2018 年底，我国国内机场与 56 个"一带一路"沿线国家实现通航，与中亚、东亚国家全部实现通航。

表 6-5 我国国际枢纽机场体系的总体布局

国际枢纽机场群名称	功能定位	国际枢纽机场群的构成	国家门户及其国际枢纽机场	主要服务的国际合作机制	重点服务区域
京津冀机场群	全球核心的国际航空枢纽	国际枢纽（北京首都；北京大兴）区域枢纽（天津滨海；石家庄正定）	大连金州；哈尔滨太平	"一带一路"国际合作高峰论坛；欧亚经济联盟；上海合作组织；亚洲相互协作与信任措施会议；中日韩	远程航线（覆盖全球各大区域主要国家的首都及经济中心城市）；近程航线（东北亚、北亚）；服务于以首都为核心的国际航空政务、商务、旅游市场
长江三角洲机场群	亚太地区的国际航空枢纽	国际枢纽（上海浦东；上海虹桥）区域枢纽（杭州萧山；南京禄口；温州永强；宁波栎社）	厦门翔安机场（在建）；青岛胶东（在建）；	中日韩；中国—东盟；中国—中东欧国家；中国—太平洋岛国经济发展合作论坛制	远程航线（北美、加勒比、南太平洋岛国及欧洲）；近程航线（东北亚及东南亚）；服务于国际航空金融、商务、旅游和物流市场
粤港澳大湾区机场群	面向太平洋和印度洋的重要国际门户	国际枢纽（香港；广州白云；深圳宝安；澳门）区域枢纽（珠海金湾；珠三角新干线（筹））	海口美兰；三亚（新建）；南宁吴圩；郑州新郑；武汉天河	中国—太平洋岛国经济发展合作论坛；中国—东盟；中国—葡语国家经贸合作论坛	远程航线（非洲、大洋洲、南太平洋岛国、南美洲及欧美）；近程航线（南亚、东北亚及东南亚）；服务于国际航空金融、商务、旅游和物流市场
成渝城市群机场群	面向欧洲、印度洋的重要国家门户	国际枢纽（成都双流；成都简阳（在建）；重庆江北）区域枢纽（重庆第二（筹））	西安咸阳；昆明长水；乌鲁木齐地窝堡；银川河东	中国—中亚合作论坛；中国—中东欧国家；中国—南盟；大湄公河次区域；中亚区域经济合作；中国—阿拉伯国家合作论坛	远程航线（欧洲、非洲、西亚、大洋洲）；近程航线（南亚、中亚及东南亚）；服务于国际航空金融、商务、旅游和物流市场

　　根据国际枢纽机场体系的总体布局的规划与国家政策，主要将以下 10 个主要国际枢纽机场作为中国国际机场物流效率的研究对象，以此来分析"一带一路"倡议对国际机场物流效率的影响以及各大机场物流的发展空间。

　　北京首都国际机场近年来不断发展，大力加强与"一带一路"国家的通航，是国际枢纽与国际中转站，但是越来越多的吞吐量，导致机场出现超负荷现象，物流效率存在一定的提升空间。

　　上海浦东国际机场作为上海的"空中门户"，是中国与沿线国家和人民沟通的重要媒介。2018 年，上海浦东国际机场新增到达瑞典斯德哥尔摩的国际远程航线。截至 2019 年 4 月，上海已与 26 个"一带一路"国家通航，通航点达 54 个，航线连接欧亚大陆，通达非洲，与世界各国联系紧密。

　　杭州萧山机场已有直达马来西亚、荷兰、柬埔寨、卡塔尔、泰国、菲律宾、印尼、越南等国的航点。2019 年底，杭州开通了至埃及开罗的直达航线。"一带一路"的"空中丝路"不断建成，杭州萧山国际机场发挥了重要作用，并使得浙江加强了在国际经济贸易中的影响力和重要性。

　　广州白云国际机场在国内外几大航空枢纽中榜上有名。其航线不仅覆盖东南亚，还连接美澳，是中国连接东南亚的重要空港。截至 2020 年 1 月，白云机场航线网络共覆盖了全球五大洲的 232 个通航点，其中国际及地区通航点为 90 个，航线超过 400 条。广州已与几十个"一带一路"沿线国家与地区搭建起"空中连廊"，商贸活动往来与物流业务合作也日益频繁。

　　中部地区如何与"一带一路"倡议做好接洽，一直是一个难题。2016 年，新郑国际机场全货机航线正式开通，周全货机航班量达到 104 班，其中一半以上的航班覆盖"一带一路"沿线国家，为中部地区的发展找到了切入点。航空方面的优势也能随之促进城市的发展，郑州新郑国际机场充分发挥其在中部地区的领先优势，为郑州的城市发展增添动力。

　　成都作为"一带一路"重要枢纽城市，抓住"一带一路"发展机遇，其国际航线不断加密，国际货邮吞吐量持续增长。成都打造的双一流国际货运机场与大桥、顺丰等航空公司合作，相继开通东欧、东南亚等地区的国际定期货运航线。通过建设中西部航空货运枢纽，初步形成覆盖"一带一路"、辐射中西部地区的货运航线网络，成都"一带一路""空中走廊"正在加速推进。

重庆是长江流域航运中心城市和内陆对外开放高地，在经济贸易与物流发展中有着重要的战略地位。近年来，重庆重点开发江北国际机场，涉及丝绸之路经济带以及21世纪海上丝绸城市航点、航线，从而加强与沿线国家和地区的畅通互联。因此，重庆江北国际机场在"空中丝绸之路"建设中有着举足轻重的地位。

在"一带一路"倡议的带领下，近年来，位于西北地区的西安咸阳国际机场的空港吞吐量大增，据西安市统计公报显示，2018年，咸阳国际机场全年货邮吞吐量高达30万余吨，增长率较上一年相比增长了20.3%，排名上升至全国第13位。多年以来，西安咸阳国家机场主要通过腹舱进行货运载运，因此货运量受到极大限制，为了抓住发展机遇，在政府的政策扶持下，航空物流公司大力开发航线，截至2019年1月，累计增加全货运航线18条，打通了多条空中快车道，同时也实现了与海上丝绸之路货运航线的衔接，构建出国内北上南下、东进西出，国际航线直通欧美国家的全货机网络布局。

昆明长水国际机场是联动东亚、东南亚的重要航线枢纽，在"一带一路"与其他亚洲国家的贸易、运输和旅游发展过程中发挥着重要的作用。截至2018年，昆明机场航线实现与东南亚地区共35个城市通航。目前，昆明长水国际机场成为国内连接南亚、东南亚通航点最多的机场。由于存在资源紧张、物流配置不合理、航运技术条件欠缺等问题，与其他枢纽机场相比，昆明长水国际机场仍需要进一步改善。

在"一带一路"倡议背景下，新疆在航运基础设施建设的支撑下进一步完善了其航线网络。新疆拥有21个机场，其中包括阿克苏、和田、喀什、库尔勒、伊宁等百万级别机场。2020年初，乌鲁木齐国际机场拥有的全球客运航线23条，年旅客吞吐量则超过200百万人次，实现与22个国家和地区通航。

2. 指标构建与物流效率分析

由于航空物流产业的分类没有被明确界定，本文根据中国民用航空局及各地区航空局的2018年民航行业发展统计公报和相关民航机场生产统计公报，并参考相关研究文献，以航空运输中的货物运输为主要研究目标，选取货运航线、飞机起降架次以及投放出港运力作为输入指标，将货邮吞吐量和客户满意度作为输出指标，得出机场物流效率评价体系指标（如表6-6、表6-7所示）。

表 6-6 机场物流效率评价体系指标

	货运航线	选用各机场年报中的货运航线表示
输入指标	飞机起降架次	选用民航各地区管理局中的飞机起降架次表示
	投放出港运力	选用 2018 年度民航发展报告中各机场对"一带一路"国家投放出港运力表示
输出指标	货邮吞吐量	选用民航各地区管理局中的货邮吞吐量表示
	客户满意度	选用 2018 年国际机场协会（ACI）发布的机场服务质量（ASQ）旅客满意度

表 6-7 十大机场输入与输出变量表

机场名称	输入指标			输出指标	
	货运航线数量	飞机起降架次（万架次）	投放出港运力（万座）	货邮吞吐量（万吨）	客户满意度
北京首都国际机场（PEK）	79	614 022	745.3	207.4	3.91
上海浦东国际机场（PVG）	53	504 794	924.8	376.86	3.96
杭州萧山国际机场（HGH）	31	284 893	148.4	64.09	3.85
广州白云国际机场（CAN）	57	477 364	815	189.08	3.94
郑州新郑机场（CGO）	34	209 646	57.8	51.49	3.87
成都双流国际机场（CTU）	39	352 124	213	66.51	3.92
重庆江北国际机场（CKG）	29	300 745	129.4	31.88	3.93
西安咸阳国际机场（XIY）	30	330 477	110	31.26	3.92
昆明长水国际机场（KMG）	44	360 785	247.3	42.83	3.89
乌鲁木齐地窝堡机场（URC）	26	176 300	53.9	15.77	3.79

利用 DEAP-2.1 对收集整理的数据进行计算，各机场的综合效率值、纯技术效率值、纯技术效率值和规模效率值如表 6-8、图 6-1 所示。

表6-8 十大机场物流效率测度表

机场	综合效率 CCR	纯技术效率 BCC	规模效率 SE	规模报酬
PEK	0.617	0.635	0.971	drs
PVG	1	1	1	—
HGH	1	1	1	—
CAN	0.705	0.812	0.868	drs
CGO	1	1	1	—
CTU	0.792	0.867	0.914	drs
CKG	0.968	1	0.968	drs
XIY	0.932	1	0.932	drs
KMG	0.65	0.703	0.925	drs
URC	1	1	1	—
均值	0.866	0.902	0.958	

注：表中 drs 表示规模报酬递减，—表示规模报酬不变。

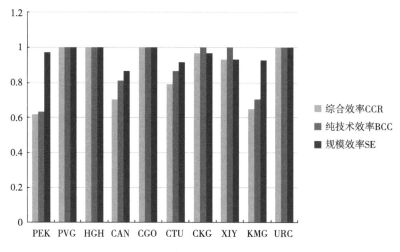

图6-1 十大机场物流效率对比图

从计算结果可以看出，上海浦东国际机场（PVG）、杭州萧山国际机场（HGH）、郑州新郑国际机场（CGO）、乌鲁木齐地窝堡机场（URC）4个国际机场的综合效率达到1，在数值上表现为纯技术效率和规模效率都相对呈现出较好状态，投入与产出成正比。而重庆江北国际机场（CKG）、西安咸阳国际机场（XIY）的纯技术效率达到1，综合效率却小于1。北京首都国际机场（PEK）、广州白云国际机场（CAN）、昆明长水国际机场（KMG）、成都双流国际机场（CTU）4个机场的综合效率呈现出小于1的状态。

近年来，上海浦东国际机场发展迅猛。2014年，浦东机场被评为"全球最佳货运机场"；2018年，年货邮吞吐量达376.86万吨，是2001年的9倍，占据我国机场货运吞吐总量四分之一。从2000年开始，国际物流巨头慢慢布局上海浦东国际机场，现如今FedEx、UPS、DHL、TNT等齐聚浦东机场，为浦东国际机场的物流货运发展提供了契机。"一带一路"倡议等国家战略的提出，迎来了快递业与跨境电商海外扩张的机遇。十大机场中，浦东机场投放出港运力居于首位，成为国内与沿线国家互联互通的主力军，给浦东机场的航空货运提供了发展机会，提高了针对"一带一路"沿线国家的货仓利用率。在2018年度，浦东机场一举获得ACE全球货运卓越100万吨级别机场钻石奖。浦东机场不断扩建，规模不断扩大，技术与资金投入比例不断增多，与之相对应的货物吞吐量不断上升，整体上呈现出资源利用率高、综合效率相对较为完美的状态。但随着中美贸易战的开始及周边机场竞争的影响，2019年浦东机场的货运吞吐量出现下降趋势，浦东机场的货运布局也随着货运形式发生改变，资源、业务与技术随之调整，2019年下半年货运形势出现回转。

杭州萧山国际机场积极融入"一带一路"倡议，卓力发展以航空、保税、公路、快递、仓储集水陆空为一体的现代物流业态。重点提升浙江地区的货物出口数量与机场物流基地的运输能力。得益于中国杭州—俄罗斯新西伯利亚货机航线的开通，中俄跨境贸易电商业务不断增长。此外，杭州萧山机场资源利用率不断提高，纯技术效率也充分得到体现。自2019年以来，在全球经济贸易局势紧张的影响下，杭州萧山国际机场逆势而上，航空货运走势较好，"客货并举"的发展战略对于2019年航空物流的发展有着重要意义。

郑州新郑国际机场2018年的综合效率为1，从纯技术效率角度来看，郑州新郑国际机场的航空资源配给均衡，2016年郑州新郑国际机场开通的货机航线中，"一带一路"沿线国家的航班占一半以上，"一带一路"沿线欧洲地区一半以上国家的货邮吞吐量达到了27万吨，规模和技术上都充分服务于航空货运，整体综合效率为1。

重庆江北国际机场和西安咸阳国际机场的纯技术效率都达到1，且规模效率都小于1，说明两大机场都存在规模与货运量不相匹配的状况。截至2018年1月，重庆江北机场开通的国际航线达到69条，2018年重庆机场围绕"一带一路"沿线国家安排国际货运航线，以重庆为起点，涉及欧洲、北美、中亚、东南亚等地，构建了不断完善的远途航空运输网络，与"一带一路"沿线的国家和地区的航空运货量达3万多吨。相对于重庆机场的吞吐量来说，其资金、技术的投入利用效率较低。

西安咸阳国际机场整体上处于货运航线运力不足的状态，超过三分之二的货量主要依靠腹舱载运的方式运输。截至2018年新增6条航线，机场在海关上加强口岸建设和申报，加大多元布局，吸引多个企业落户西安咸阳机场，使得航空物流效率呈现上升态势，硬件设施和服务平台的搭建较为完善，但规模在满足货运量进出口的同时存在一部分冗余，西安咸阳机场发展潜力巨大。

北京首都国际机场、广州白云国际机场、昆明长水国际机场以及成都双流国际机场四大机场都存在纯技术效率和规模效率非有效的状态，且规模效率接近于1，纯技术效率严重不足。

北京首都机场目前仅拥有3条跑道，已经存在超负荷运载状况，超出设计能力19.6%，从输入指标来看，货运航线和飞机起降架次位于十大机场之首，对"一带一路"沿线国家投放出港运力745.3万座，仅居浦东国际机场之后，但货邮吞吐量却与上海浦东机场相差150多万吨，这从一定程度上可以看出，首都机场的规模、布局尚有改进的空间。从纯技术效率方面出发，机场相关的电子运单、航空结算、多式联运与智慧物流等技术环境仍然有着巨大的发展空间，与北京大兴机场相比，北京首都国际机场的发展重在提质。

昆明长水国际机场与北京首都国际机场在纯技术效率、规模效率方面表现相似。2017年，昆明长水国际机场货邮吞吐量位居全国第八。昆明长水国际机场作为我国南方航空门户，面向南亚、东南亚的航线网络居全国之首，但由于资源配置不合理、技术条件不成熟等问题导致中转服务效率低。在解决以上问题的基础上，昆明机场的ACDM（机场协同决策系统）体系使得技术环境得到一定的改善，但总体上纯技术效率未达到有效状态。从"一带一路"投放出港运力来看，受益于"一带一路"沿线和孟中印缅经济走廊等重要城市和地区的通航货物往来，昆明货运力比肩北京，但整体上的货运量使得资源利用率较低，规模效率较低。

广州白云机场与成都双流国际机场的综合效率、纯技术效率以及规模效率的状态相似。与北京首都国际机场相比，广州白云机场的规模效率和纯技术效率都更佳。近几年白云机场的国际货运量增长十分迅速，物流业务需求旺盛，但白云机场空域资源紧张以及航权受限，其引进的快递巨头不能开展更多的物流业务，规模受限，导致其规模效率呈非有效状态。而在有限的空域资源里，智慧化管理等技术环境成为白云机场物流效率提高的关键。通过 DEA 分析可以看出技术环境仍需改善，新技术、信息化、全自助是机场未来发展的标签。

成都双流国际机场货运航线共有 39 条（2018 年），顺丰西部航空货运枢纽在成都双流落户，菜鸟网络的"中国智能物流骨干网"也落户并投运，整体上物流资源充足，规模设备也在不断扩大与增多。2018 年，其航空货运量将近 50 万吨，但是资源投入存在冗余，资源利用率低。纯技术效率低的主要原因在数据中主要体现为对于"一带一路"沿线国家的投放出港运力为 213 万座，与其他机场相比投放数量相比较多，但货邮吞吐量与其他机场相比却较少，这使得纯技术效率呈现非有效的状态。

（三）我国"海上丝绸之路"主要港口的作业效率实证分析

港口作为客货进行水陆运输转换的节点是国际贸易中不可缺少的枢纽，在国家发展中扮演着日益重要的角色。港口受所处位置、服务腹地差异和自身建设水平的影响，其作业效率会出现较大的差异。客观评价"海上丝绸之路"各主要港口的作业效率，并分析制约港口作业效率的因素，提出有针对性的对策建议，对政府制定政策规划和港口科学发展都具有重要的参考意义。

本章通过构建三阶段超效率 DEA 的港口物流效率评价模型，测评和分析了 15 个海上丝绸之路港口的物流效率。结果表明，2015—2020 年 6 年中只有青岛港和日照港的综合效率值为 1，属于 DEA 有效，各港口之间存在明显的效率差异，且各港口的综合技术效率均值偏低，提升潜力较大。如果不考虑外部环境因素，则可能低估纯技术效率值，高估规模效率值，因此要用三阶段 DEA 模型排除外部环境以及随机因素的干扰，同时建立海上丝绸之路港口合作机制，建成智慧型港口，从而精准制定港口的发展战略，提升港口的物流效率。

1. 文献综述

目前对于港口效率特别是港口运行的效率评价最常用的方法是参数法随机前沿分析（SFA）和非参数包络分析（DEA）法。

传统 DEA 模型大多采用投入或产出角度的度量方法，如 CCR、BCC 这类模型，尽管这类模型在一定程度上可以较好地测量港口的运行效率，但是在投入和产出指标的松弛变量测量问题上仍然不够有效，因此可能导致评价结果有偏，然而 SBM 模型的出现可以很好地解决这一问题。托恩（Tone）提出 SBM-DEA 模型，通过将松弛变量引入目标函数，有效解决了传统 DEA 模型因忽略松弛变量信息造成效率估计偏误的问题。

三阶段 DEA 模型最早是由弗来德（Fried）于 1999 年提出，2002 年又进行了补充，前者只考虑了环境因素的影响，而后者将环境因素、随机噪声和管理无效率同时引入到 DEA 模型，即三阶段 DEA 模型。在传统 DEA 基础上发展的三阶段超效率 DEA，剔除了因环境变量、随机噪声造成的冗余，使用经调整后的港口效率评价会更为准确。三阶段 DEA 模型在我国已经经过一段时间的运用与发展，被国内学者广泛使用，已经比较成熟，其中不乏创造性成果。

高偁鹏针对我国"一带一路"沿线的港口，运用三阶段 DEA 方法对 2013—2017 年的数据进行分析，并将"一带一路"港口按空间布局划分为北方港口群（大连港、天津港、青岛港和烟台港），长三角港口群（上海港和宁波—舟山港），东南港口群（福州港、厦门港和泉州港）和南方港口群（广州港、深圳港、汕头港、湛江港和海口港）四大区域港口，本文借鉴了此方法，将 15 个沿海港口进行了分类。

张建勇等（2019）采用数据包络分析（DEA）方法，对天津港的效率进行了分析，得出结果是：近几年港口的规模收益呈递减趋势，只有通过降低成本、优化资源配置、加强管理措施，才能提高港口的整体效率。

随着研究推进，更多革新 DEA 模型被用于港口效率评价。杜浩等人（2021）针对目前国内港口效率低下的问题，使用超效率 DEA 模型来测度 2007—2016 年我国主要沿海港口的运行效率，利用三阶段 DEA 进行效率分析，使用调整后的投入产出值重新评估港口效率，获得更加准确的港口效率排名；通过与第一阶段的超效率结果比较发现，前后数值存在明显差异；最后，基于吞吐量——效率矩阵将港口划分为精干型、强壮型、肥胖型和瘦弱型 4 种类型，有针对性地对每种类型的港口提出改进建议。本文采用的超效率模型，对"一带一路"沿线港口的效率值做出排名对比，并重点对 2020 年的港口效率做出评价。

2. 研究方法、变量的选取与数据来源

（1）研究方法

在这里我们采用了三阶段超效率 DEA 作为评价港口效率的方法，如图 6-2 所示，相比于传统的 DEA 方法，三阶段 DEA 剔除了环境变量与随机噪声的干扰，更真实地反映出了各个港口的效率（见图 6-2）。

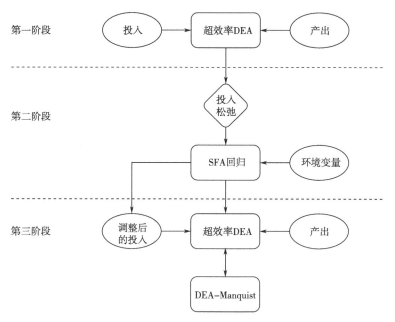

图6-2 三阶段超效率 DEA 结构原理

第一阶段，采用 SUPER-DEA（超效率 DEA）模型进行初始效率的测量，将 15 个城市的港口物流业投入、产出数据代入 BCC 模型，借助 Max-DEA 8 ultra 软件进行分析，使用投入导向型对未经调整的投入与产出数据做传统的超效率评价，得到规模报酬可变条件下的初始的物流业综合效率、纯技术效率以及规模效率，并得到投入松弛变量。

第二阶段，将第一阶段中得到的投入松弛变量与环境变量经过 SFA 回归。将投入松弛分解为环境效应、随机噪声、管理无效率项，再将环境变量和统计噪声排除出去，只留下由管理无效率造成的松弛变量，然后通过特定的计算公式得到调整后的投入变量。

经过对以往论文的研究，本文采取以下公式计算调整后的投入：

$$X_{ni}^A = X_{ni} + [\max(f(Z_i; \hat{\beta}_n)) - f(Z_i; \hat{\beta}_n)] + [\max(\nu_{ni}) - \nu_{ni}] \, i$$
$$= 1, 2, \cdots, I; \, n = 1, 2, \cdots, N$$

其中，X_{ni}^A 是调整后的投入；X_{ni} 是调整前的投入；$[\max(f(Z_i; \hat{\beta}_n)) - f(Z_i; \hat{\beta}_n)]$ 是对外部环境因素进行调整；$[\max(\nu_{ni}) - \nu_{ni}]$ 是将所有决策单元置于相同运气水平下。

第三阶段，将产出与调整后的投入，进行与第一阶段相同的 DEA 测度，从而得到剔除环境因素和随机噪声的效率值。调整的本质是将所有决策单元置于相同的外部环境和相同的运行水平之下，使港口无效率产生的原因仅限于由管理无效率引起。

最后对第三阶段调整后的产出与投入进行 DEA-Malmquist 指数分析。Malmquist 指数适用于分析和评价跨时期的动态生产效率，估算不同时期的投入产出的生产效率，同时客观地评价综合技术效率、规模效率、技术进步变化率与 Malmquist 指数之间的关系。因此本文用 Malmquist 指数来考察两个时期的生产率变化。

（2）变量的选取

国内外对港口效率变量的选取，基本上分为两种：生产法和经济法。生产法采用与直接生产有关的变量，经济法大多采用上市公司的经济指标。对于评价港口生产效率，本文采取生产法。在变量选取的过程中，参考以往学者做出的研究，产出变量选择衡量港口效率最经典的港口货物吞吐量以及港口集装箱吞吐量两个指标。投入变量则选择生产用码头长度以及生产用泊位个数，使得数据符合生产法导向。在第二阶段我们需要剔除外部环境因素对港口效率产生的影响，对港口效率影响因素选取最能体现地方经济发展状况的三个指标（分别是直接经济腹地 GDP、直接经济腹地居民可分配收入、直接经济腹地进出口总额）。

（3）数据来源

表 6-9　变量名称及数据来源

投入类型	变量名称	变量代码	数据来源
产出变量	港口货物吞吐量（万吨）	GT	前瞻数据库—行业经济数据—交通运输
	港口集装箱吞吐量（万 TEU）	CT	前瞻数据库—行业经济数据—交通运输
投入变量	生产用码头长度（米）	LOW	国家统计局
	生产用泊位个数（个）	LOB	国家统计局
环境变量	直接经济腹地 GDP（亿元）	GDP	各省市统计年鉴、中经数据
	直接经济腹地城镇居民人均可分配收入（元）	UPDI	各省市统计年鉴
	直接经济腹地进出口总额（亿美元）	TMX	各省市统计年鉴、世界贸易组织数据库

3. 第一阶段超效率 DEA 分析

（1）第一阶段超效率 DEA 分析

第一阶段不考虑外部环境因素和随机误差的影响，利用超效率（SUPER-DEA）模型对 2015—2020 年我国的 15 个主要沿海港口进行效率比较分析，这样可以初步观察到 6 年来我国主要港口的效率以及发展趋势。

由图 6-3 可知，2015—2020 年港口的超效率平均值从整体上看呈现出先上升后下降的趋势，在 2017 年达到峰值。2016 年是我国港口改革的重要节点，在经历一系列体制调整后，2017 年港口效率显著提升。从图中可以看出，部分年份存在效率值下滑比较明显的情况（如 2020 年，新冠疫情的出现对于世界来说都是一场极其严重的灾难，全世界港口运行效率都有所下降，中国的对外贸易情况也受到了严重的影响，因此平均效率值大幅下降）。

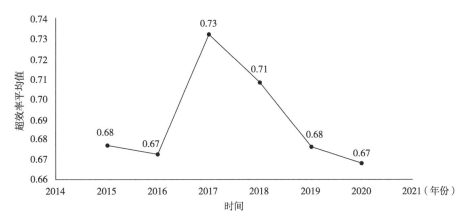

图 6-3　第一阶段 2015—2020 年 "一带一路" 港口的超效率平均值

在 2015—2020 年期间，青岛港、日照港和深圳港的超效率值常年位于前列，且青岛港、日照港、深圳港连续 6 年的超效率值均高于 1.0，处于效率的前列，与剩余港口的超效率值形成了较大的差距。作为世界上吞吐量排名第一的上海港，运行效率却不及青岛港、日照港和深圳港等沿海大型港口。表 6-10 为 2015—2020 年 "一带一路" 港口的超效率值和排名。

青岛港、日照港、烟台港、湛江港、广州港和天津港的规模效率较高，均高于平均值，其中日照港、烟台港、湛江港处于规模报酬递增阶段，而青岛港、广州港和天津港均为规模报酬递减，三个港口规模较大，地理位置优越，生产用码头长度和生产用港口数量都较多。

表6-10 2015—2020年 "一带一路" 港口的超效率值和排名

排名	2015					2016				
	港口	TE	PTE	SE	RTS	港口	TE	PTE	SE	RTS
1	青岛	1.469 2	1.916 7	0.766 5	Decreasing	青岛	1.577 0	2.048 2	0.770 0	Decreasing
2	深圳	1.293 3	2.352 5	0.549 8	Decreasing	日照	1.185 4	1.400 9	0.846 1	Increasing
3	日照	1.251 1	1.433 4	0.872 8	Increasing	深圳	1.118 6	1.769 3	0.632 2	Decreasing
4	天津	0.696 7	1.049 1	0.664 0	Decreasing	天津	0.717 9	0.968 4	0.741 3	Decreasing
5	秦皇岛	0.645 0	0.726 6	0.887 7	Increasing	上海	0.671 9	1.303 1	0.515 6	Decreasing
6	上海	0.609 5	1.242 4	0.490 6	Decreasing	湛江	0.659 3	0.746 8	0.882 9	Increasing
7	烟台	0.578 5	0.636 6	0.908 8	Increasing	烟台	0.593 3	0.659 5	0.899 6	Increasing
8	海口	0.575 7	1.545 8	0.372 4	Increasing	海口	0.543 0	1.333 3	0.407 3	Increasing
9	广州	0.554 5	0.612 0	0.906 1	Decreasing	广州	0.537 6	0.592 0	0.908 1	Decreasing
10	湛江	0.535 1	0.624 0	0.857 5	Increasing	宁波—舟山	0.509 4	1.814 6	0.280 7	Decreasing
11	宁波—舟山	0.494 0	1.675 5	0.294 8	Decreasing	秦皇岛	0.507 1	0.814 2	0.622 7	Increasing
12	大连	0.482 5	0.485 1	0.994 7	Decreasing	大连	0.504 9	0.519 6	0.971 6	Decreasing
13	厦门	0.462 9	0.543 5	0.851 6	Increasing	厦门	0.452 3	0.566 0	0.799 1	Increasing
14	福州	0.261 6	0.365 8	0.715 2	Increasing	福州	0.265 6	0.393 7	0.674 6	Increasing
15	汕头	0.250 8	0.712 4	0.352 1	Increasing	汕头	0.248 5	0.853 5	0.291 2	Increasing
平均值		0.677 4	1.061 4	0.699 0			0.672 8	1.052 2	0.682 9	

续表

排名	港口	2017				港口	2018			
		TE	PTE	SE	RTS		TE	PTE	SE	RTS
1	青岛	1.307 0	1.576 1	0.829 3	Decreasing	日照	1.330 0	1.421 0	0.935 9	Increasing
2	深圳	1.277 5	1.848 0	0.691 3	Decreasing	深圳	1.251 3	1.757 7	0.711 9	Decreasing
3	日照	1.173 7	1.280 4	0.916 7	Increasing	青岛	1.251 0	1.698 6	0.736 5	Decreasing
4	湛江	0.882 1	0.952 5	0.926 1	Increasing	湛江	0.797 0	0.915 4	0.870 7	Increasing
5	天津	0.792 4	0.812 8	0.974 9	Decreasing	天津	0.757 3	0.769 8	0.983 8	Increasing
6	秦皇岛	0.787 2	0.981 4	0.802 1	Increasing	上海	0.735 9	1.187 3	0.619 8	Decreasing
7	上海	0.766 2	1.224 9	0.625 5	Decreasing	广州	0.645 8	0.748 4	0.862 8	Decreasing
8	广州	0.646 5	0.748 0	0.864 3	Decreasing	秦皇岛	0.626 7	0.982 8	0.637 7	Increasing
9	海口	0.628 8	1.231 6	0.510 6	Increasing	宁波—舟山	0.573 4	1.869 6	0.306 7	Decreasing
10	宁波—舟山	0.610 2	1.565 4	0.389 8	Decreasing	烟台	0.571 6	0.580 7	0.984 3	Increasing
11	大连	0.593 5	0.608 0	0.976 1	Decreasing	海口	0.562 4	1.212 5	0.463 8	Increasing
12	厦门	0.502 1	0.610 8	0.822 1	Increasing	大连	0.546 1	0.549 3	0.994 3	Increasing
13	烟台	0.453 5	0.485 4	0.934 4	Increasing	厦门	0.475 1	0.612 6	0.775 6	Increasing
14	福州	0.293 7	0.413 8	0.709 7	Increasing	福州	0.299 0	0.425 1	0.703 3	Increasing
15	汕头	0.277 5	0.974 9	0.284 7	Increasing	汕头	0.210 9	0.972 3	0.216 9	Increasing
平均值		0.732 8	1.020 9	0.750 5			0.708 9	1.046 9	0.720 3	

续表

排名	港口	2019 TE	2019 PTE	2019 SE	2019 RTS	港口	2020 TE	2020 PTE	2020 SE	2020 RTS
1	青岛	1.423 8	2.048 9	0.694 9	Decreasing	青岛	1.530 1	2.177 2	0.702 8	Decreasing
2	日照	1.146 1	1.253 0	0.914 7	Increasing	日照	1.104 0	1.166 7	0.946 3	Increasing
3	深圳	1.144 6	1.479 6	0.773 5	Decreasing	深圳	1.095 1	1.329 4	0.823 8	Decreasing
4	上海	0.728 2	2.691 6	0.270 5	Decreasing	上海	0.721 3	2.661 5	0.271 0	Decreasing
5	天津	0.688 5	0.748 1	0.920 4	Increasing	广州	0.672 5	0.708 2	0.949 6	Decreasing
6	秦皇岛	0.641 6	1.008 5	0.636 2	Increasing	天津	0.655 5	0.686 9	0.954 3	Increasing
7	广州	0.618 7	0.692 5	0.893 5	Decreasing	宁波—舟山	0.571 6	2.541 4	0.224 9	Decreasing
8	湛江	0.616 1	0.788 8	0.781 1	Increasing	秦皇岛	0.568 1	0.713 1	0.796 7	Increasing
9	海口	0.613 1	1.288 7	0.475 8	Increasing	海口	0.563 1	0.847 4	0.664 5	Increasing
10	宁波—舟山	0.571 2	2.143 3	0.266 5	Decreasing	湛江	0.485 6	0.576 3	0.842 7	Increasing
11	烟台	0.508 9	0.533 8	0.953 4	Increasing	烟台	0.474 5	0.493 7	0.961 2	Increasing
12	厦门	0.479 2	0.600 8	0.797 5	Increasing	厦门	0.458 4	0.516 1	0.888 0	Increasing
13	大连	0.436 1	0.472 0	0.924 1	Increasing	汕头	0.411 7	2.029 4	0.202 4	Increasing
14	福州	0.345 8	0.442 5	0.781 5	Increasing	福州	0.356 5	0.440 1	0.810 0	Increasing
15	汕头	0.184 0	0.972 3	0.189 2	Increasing	大连	0.356 0	0.384 5	0.925 8	Increasing
平均值		0.676 4	1.144 3	0.684 9			0.668 3	1.151 5	0.731 0	

以 2020 年为例，详细分析 15 个港口的现存差异。从图 6-4 中可以看出，青岛、日照、深圳的技术效率都超过 1，分别为 1.53、1.10、1.10。虽然日照的技术效率超过 1，但是日照、天津、宁波—舟山的港口规模报酬呈递减状态；其他港口的技术效率均低于 1，还有较大的改进空间。但以上对于各港口物流效率的测算结果是否受到环境和随机因素的影响而出现偏差，则需要进一步分析。

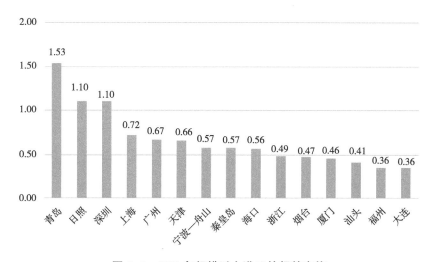

图 6-4 2020 年规模以上港口的超效率值

（2）基于投入变量的改进分析

本文采用投入导向的超效率方法，因此只对投入变量做出调整。表 6-11 为 2020 年各投入指标的实际值、目标值与松弛变量。

生产用码头长度：大连、福州、广州、海口、厦门、烟台、湛江的生产用码头长度松弛变量均为 0，达到了最优前沿面，因此不需要做出调整。其中，宁波—舟山港与青岛港的修正比例分别达到 13.57%、51.57%，说明这些港口在码头建设上投入过多，存在一定的资源浪费现象，可以适当缩减码头的修建费用。

生产用泊位个数：修正幅度最大的是上海，在 2020 年疫情的冲击下，世界范围内各国经济受到影响，国际贸易货运量急剧缩减，上海作为一座开放水平高的城市，是对外开放的桥头堡，相比于其他港口上海港受到更为严重的冲击。

表 6-11　2020 年各投入指标的实际值、目标值与松弛变量

港口	投入实际值		投入目标值		投入松弛变量	
	A-（1）low	A-（2）low	P-（1）low	P-（2）low	S-（1）low	S-（2）lob
大连	43 218	231	16 618.93	67.95	0.00	−20.88
福州	25 889	152	11 394.31	52.58	0.00	−14.31
广州	45 943	417	32 537.74	140.84	0.00	−154.49
海口	9 676	69	8 199.40	43.11	0.00	−15.36
宁波—舟山	96 543	608	75 817.00	560.00	−13 104.18	0.00
秦皇岛	16 013	73	11 329.09	52.06	−90.46	0.00
青岛	29 504	113	49 022.98	246.03	−15 213.77	0.00
日照	22 500	84	24 853.51	98.00	−1 396.23	0.00
汕头	30 452	156	9 676.00	69.00	−497.44	0.00
上海	5 013	34	96 543.00	608.00	0.00	−105.09
深圳	75 817	560	39 283.18	207.39	−3 915.56	0.00
天津	32 495	156	25 138.75	98.91	−629.43	0.00
厦门	37 516	144	15 717.59	77.75	0.00	−2.77
烟台	38 164	213	18 841.13	73.54	0.00	−31.62
湛江	21 843	146	12 587.78	55.66	0.00	−28.48

注：A-（1）low 表示生产用码头长度的实际值；A-（2）low 表示生产性泊位个数的实际值；（1）low 表示生产用码头长度的目标值；P-（2）low 表示生产性泊位个数的目标值；S-（1）low 表示生产用码头长度的松弛变量；S-（2）lob 表示生产性泊位个数的松弛变量。

4. 第二阶段 SFA 回归分析

根据第一阶段的输出结果，得到每个决策单元的投入松弛变量，如表 6-12 所示。在第二阶段中，将第一阶段的投入松弛变量作为被解释变量，将三个环境变量作为解释变量，借助 Frontier4.1 软件进行第二阶段 SFA（随机前沿）数据分析，2015—2020 年结果如表 6-13 所示。

表 6-12　SFA 回归结果

指标	S-（1）low			S-（2）lob		
	系数	标准误差	t 值	系数	标准误差	t 值
常数项	1 156.014 1	1.000 1	1 155.941 5	−54.146 8	1.000 0	−54.146 8
GDP	0.000 1	0.000 3	0.269 9	0.000 0	1.000 0	0.000 0
PCDI	−0.077 3	0.058 3	−1.325 6	0.000 3	1.000 0	0.000 3

续表

指标	S-（1）low			S-（2）lob		
	系数	标准误差	t 值	系数	标准误差	t 值
TMX	0.014 8	0.119 9	0.123 6	0.000 9	1.000 0	0.000 9
σ^2	21 713 208.000 0	1.000 0	21 713 208.000 0	1 769.221 9	1.000 0	1 769.221 9
γ	0.021 7	0.239 0	0.090 9	0.050 0	1.000 0	0.050 0

注：S-（1）low 表示生产用码头长度的松弛变量；S-（2）lob 表示生产性泊位个数的松弛变量。

根据 SFA 回归结果可以得出以下结论：

第一，直接经济腹地 GDP 对于两个投入变量的冗余值都是正向的，一个城市的生产总值越高，则表明该城市越发达，从而更有利于该地区港口增加基础设施的投入，从而带来港口物流效率的提高。2020 年，直接经济腹地 GDP 对于两个投入指标的松弛变量均为正相关关系，这表明 2020 年直接经济腹地 GDP 的增长，促进了投入冗余的增加，即经济繁荣发展会促进基础设施建设的投入，但如果港口的产出没有达到同样的增长，则会造成了投入冗余和资源浪费。

第二，2020 年直接经济腹地居民可分配收入与生产用泊位长度投入的松弛变量系数值为负，表明直接经济腹地居民可分配收入越高，投入松弛越小。2020 年直接经济腹地居民可分配收入与生产用泊位个数投入的松弛变量系数值为正，表明投入松弛与直接经济腹地居民可分配为正相关关系，居民可分配收入的增加以及刺激消费会增加港口进出商品规模，在港口产出值不变投入增加的情况下，刺激增加了投入冗余。

第三，2020 年外贸进出口总额对于生产用泊位长度和生产用泊位个数的投入松弛变量成正相关，外贸进出口商品大多通过海运输送方式，外贸进出口额的增加，意味更多货物在港口周转运输以及货物吞吐量增加，提高了港口效率。

表 6-13　DEA 第二阶段调整结果

港口	Low			
	原始投入	随机扰动调整	环境变量调整	调整后的投入
大连	43 218.00	1 635.35	−306.29	35 932.00
福州	25 889.00	1 486.22	−335.87	22 302.00
广州	45 943.00	31.10	−426.62	65 576.00

续表

港口	Low			
	原始投入	随机扰动调整	环境变量调整	调整后的投入
海口	9 676.00	2 196.47	−274.03	13 998.00
宁波—舟山	96 543.00	13 473.11	−122.66	121 965.00
秦皇岛	16 013.00	3 584.28	−82.30	22 143.00
青岛	29 504.00	16 278.95	−425.56	64 680.00
日照	22 500.00	0.00	−641.72	52 121.00
厦门	30 452.00	1 062.51	−489.65	20 129.00
汕头	5 013.00	2 757.73	218.07	5 530.00
上海	75 817.00	3 816.08	−549.87	71 475.00
深圳	32 495.00	1 358.86	200.03	31 174.77
天津	37 516.00	1 623.74	−621.61	54 145.00
烟台	38 164.00	1 517.90	−399.35	42 285.00
湛江	21 843.00	2 749.89	−399.35	25 534.00
港口	Lob			
	原始投入	随机扰动调整	环境变量调整	调整后的投入
大连	231.00	0.00	332.61	563.61
福州	152.00	25.00	303.02	480.02
广州	417.00	128.15	212.28	757.43
海口	69.00	1.08	364.87	434.95
宁波—舟山	608.00	48.93	516.24	1 173.17
秦皇岛	73.00	33.52	556.60	663.12
青岛	113.00	7.43	213.34	333.76
日照	84.00	11.14	−2.82	92.32
厦门	156.00	4.28	149.25	309.53
汕头	34.00	101.41	856.97	992.38
上海	560.00	37.31	89.03	686.34
深圳	156.00	30.46	838.93	1 025.39
天津	144.00	0.64	17.29	161.93
烟台	213.00	2.94	239.54	455.49
湛江	146.00	−3.48	239.54	382.07

5. 第三阶段 DEA 效率分析

（1）超效率分析

第三阶段是对第二阶段调整后的数据，再次进行超效率测算，得到调整后 2015—2020 年的超效率值。对 2015—2020 年港口的超效率平均值进行对比，结果如图 6-5 所示。

调整后的超效率值整体高于调整前，且趋势走向不同。调整前的 2015—2020 年超效率值没有较大变动，但 2017 年以后呈现出逐步下降趋势，2020 年下降到 0.67，低于 2015 年的 0.68。

调整后的超效率值呈现出曲折上升的趋势，2017 年以后港口的整体效率跃升到 1.09。尽管 2020 年受到疫情冲击，但剔除环境变量影响后，实际的港口效率显著提高。

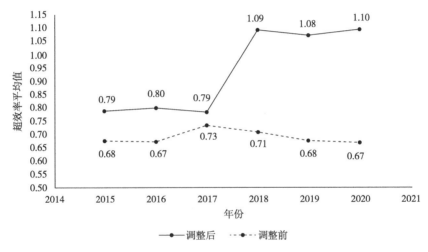

图 6-5 2015—2020 年调整前与调整后超效率平均值的对比

详细对比 2020 年"一带一路"港口的效率值，可以发现前后存在较大差异。第一阶段三个港口 DEA 有效，经过调整后的第三阶段，6 个港口达到 DEA 有效，且其他港口的效率值均有明显提升。这也说明第二阶段剔除掉环境因素是非常必要的。如表 6-14、表 6-15 所示。

表 6-14 2020 年第一阶段和第三阶段效率值结果对比

第一阶段			第三阶段		
排名	港口	效率值	排名	港口	效率值
1	青岛	1.530 057	1	日照	1.730 371

续表

第一阶段			第三阶段		
排名	港口	效率值	排名	港口	效率值
2	日照	1.103 955	2	天津	1.718 441
3	深圳	1.095 144	3	深圳	1.399 228
4	上海	0.721 330	4	上海	1.345 668
5	广州	0.672 544	5	宁波—舟山	1.019 057
6	天津	0.655 458	6	青岛	1.000 494
7	宁波—舟山	0.571 621	7	广州	0.989 635
8	秦皇岛	0.568 132	8	烟台	0.982 487
9	海口	0.563 085	9	大连	0.967 025
10	湛江	0.485 631	10	湛江	0.952 992
11	烟台	0.474 536	11	秦皇岛	0.942 487
12	厦门	0.458 355	12	福州	0.930 310
13	汕头	0.411 663	13	厦门	0.925 415
14	福州	0.356 500	14	海口	0.875 539
15	大连	0.355 997	15	汕头	0.649 819
平均值		0.668 267	平均值		1.095 265

表6-15　2020年第三阶段效率值结果

排名	DMU	TE	PTE	SE	RTS
1	日照	1.730 4	1.753 9	0.986 6	Increasing
2	天津	1.718 4	1.743 0	0.985 9	Increasing
3	深圳	1.399 2	1.431 5	0.977 5	Increasing
4	上海	1.345 7	2.525 1	0.532 9	Decreasing
5	宁波—舟山	1.019 1	1.041 5	0.978 5	Decreasing
6	青岛	1.000 5	1.036 1	0.965 7	Decreasing
7	广州	0.989 6	1.000 0	0.989 6	Increasing
8	烟台	0.982 5	1.000 4	0.982 1	Increasing
9	大连	0.967 0	1.000 0	0.967 0	Increasing
10	湛江	0.953 0	1.005 0	0.948 3	Increasing
11	秦皇岛	0.942 5	1.003 0	0.939 6	Increasing
12	福州	0.930 3	1.000 0	0.930 3	Increasing

排名	DMU	TE	PTE	SE	RTS
13	厦门	0.925 4	1.431 5	0.646 5	Increasing
14	海口	0.875 5	1.148 1	0.762 6	Increasing
15	汕头	0.649 8	2.531 3	0.256 7	Increasing
	平均值	1.095 3	1.376 7	0.856 7	

从整体上看,调整前的平均综合效率值为 0.67,调整后的平均综合效率值为 1.10,调整后的综合效率值有明显的提高。调整前 2020 年的整体效率低于前几年水平(呈现出的效率低下是受疫情影响,沿海城市经济发展和对外贸易受挫,进而对港口效率产生负面影响)。港口主要以全球运输和进口贸易为主,国内外企业被迫停工,港口运输量下降。整体效率的提高在修正后效率值下降的港口只有青岛,这主要归结于其原来的高效率受到腹地经济的推动,对于"以港兴市"的青岛市来说,腹地 GDP 和对外贸易依存度对青岛港效率的影响较大,所以剔除这些因素后它的高效率不再明显。

从个体港口上看,天津港、上海港、宁波—舟山由无效率修正为效率值大于 1,说明考虑到环境变量和随机误差后三个港口的运行效率其实是有效的,这与实际情况相符(上海港作为国际化的枢纽港口,市场份额较大,货源较其他港口充足,在码头建设上也受到政府更多的支持,在近几年一直发展向好)。

由表 6-14 和表 6-15 可得出如下结论:

第一,在 15 个港口中综合效率值最高的城市为日照,连续 6 年处于有效前沿层面,说明物流投入在多数年份得到了合理利用并获得了最大的产出。

第二,在纯技术效率方面,调整前的平均效率值为 1.151 5,排除外部环境因素后,纯技术效率均值提高至 1.376 7,说明 15 个港口的纯技术效率明显提高。

第三,15 个港口中,汕头调整前和调整后的规模效率一直较低,说明其物流业的管理能力需要提升。大多数港口的规模效率经过调整后低于调整前的值,表明其物流业管理水平受到外部环境的影响较大。

第四,规模效率方面,规模效率和综合效率走势差不多,规模效率均值由 0.7310 提高为 0.8567,同时,纯技术效率高于规模效率,表明规模效率是制约物流效率提高的主要因素。观察 2015—2020 6 年的港口,可以发现大部分港口呈现规模报酬递增状态，可见经济带物流规模整体偏小，导致物流效率不高，主要原因为港口存在着投入冗余以及集中度低的问题，因此，以后应适当放缓投入量增加的速度，重点加强对投入资源的管理，更加充分地利用现有物流资源，以使其达到最大的产出，提升物流业的规模效应。

在对各个港口的效率值重新修正后，本研究借鉴李兰冰等（2011）运用的吞吐量—效率矩阵图进一步对 15 个港口的综合竞争能力进行了比较。这种方法可以将产出量和效率值结合起来，从数量和质量两个方面综合评价港口的竞争能力。从现有的数据来看，拥有较高吞吐量的港口，并不一定拥有较高的运行效率，由图 6-6 的货物吞吐量—超效率值结果可以发现，2020 年宁波—舟山港的货物吞吐量排名第一，但运行效率位于第五位，处于非 DEA 有效，而吞吐量远不及其二分之一的日照港、天津港效率值却位于第一、第二位，且均达到了 DEA 有效，说明港口的吞吐量与效率值并不一定呈线性相关，因而港口是否高效、是否具有竞争力并不完全取决于其规模大小。基于此，本文利用 2020 年的数据，以货物吞吐量为纵坐标，以修正后的超效率值为横坐标构建货物吞吐量—效率矩阵，并以货物吞吐量的平均值（39 954.20 万吨）和效率平均值（1.095 3）为界限，划分出 4 个象限，并由此将 15 个港口分为 4 种类型，考查不同经营规模下各港口的效率水平，分析各港口的竞争态势，如图 6-6 所示。

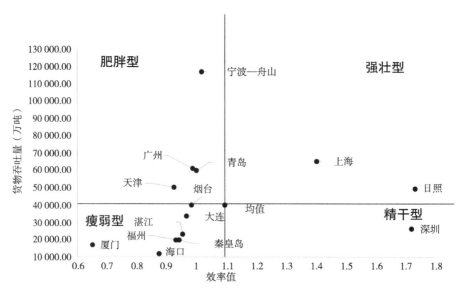

图 6-6　2020 年 15 个港口的货物吞吐量—效率矩阵

第一类是精干型港口。这类港口具有吞吐量规模不大但效率较高的特征，深圳港就属于这一类型。这类港口得益于其合理的基础设施投资和相对高效的产出。港口货物吞吐量不大（2020年深圳港的货物吞吐量为26 500万吨），在2020年15个港口的货物吞吐量中排名第9，但是其效率值为1.399 2，说明深圳港与其匹配的基础设施得到了高效利用，具有较好的发展潜力。

第二类是强壮型港口。这类港口是指那些货物吞吐量较大且运行效率也较高的标杆港口，如上海港和日照港。这类港口的共同特点是腹地经济较发达，具有良好的天然港区优势，综合竞争能力较强，是国内规模较大、排名靠前的大港。在货物吞吐量指标上上海港常年位居前五，日照港位于第六，在近几年向船舶大型化、深水化、专业化、智能化方向发展，属于国内沿海港口中的排头兵。

第三类是肥胖型港口。这类港口是指那些货物吞吐量较大，但经营效率却较低的港口，如广州港、青岛港、天津港和宁波—舟山港。这类港口有较强大的经济腹地做支撑，因而货物吞吐量较为庞大，但高产出却是建立在高投入的基础上，由于这些硬性的港口投资具有不可逆转的特征，因此调整资源的合理配置是提升肥胖型港口走向强壮型港口的关键。

第四类是瘦弱型港口。这类港口货物吞吐量规模不大，且效率也较低，如大连港、湛江港、福州港、厦门港、海口港、烟台港和汕头港。这其中有部分港口是由于规模较小，主要业务集中在客运运输而非货运运输上，或者是非国内运输的主要集散地，从而产出较小，效率较低，如汕头港。又如烟台港，吞吐量低于日照港，但效率却和烟台港差距较大，从而导致该港口竞争力较差。因此，小型港口如何整合好现有资源，是瘦弱型港口走向精干型港口的关键。

（2）DEA-Malmquist指数动态效率评价

对第二阶段调整后的数据，通过Maxdea软件计算，得出15个港口2015—2020年Malmquist指数的平均值，如表6-16所示。

表6-16 各港口2015—2020年Malmquist指数平均值

港口	技术效率变动	技术进步指数	纯技术效率指数	规模效率指数	Malmquist指数平均值
汕头	1.359	0.972	1.328	0.980	1.253
福州	1.345	0.930	1.176	1.091	1.185

续表

港口	技术效率变动	技术进步指数	纯技术效率指数	规模效率指数	Malmquist指数平均值
日照	1.112	1.096	1.119	1.013	1.128
厦门	1.118	1.012	1.185	0.948	1.107
上海	1.175	0.981	1.221	0.963	1.104
海口	1.147	0.928	0.952	1.205	1.041
天津	1.131	0.911	1.105	1.030	1.023
广州	1.044	0.973	1.031	1.011	1.008
宁波—舟山	1.086	0.940	0.914	1.235	1.007
深圳	0.983	1.024	0.944	1.051	1.005
湛江	1.097	0.911	1.061	1.034	0.997
烟台	1.120	0.912	1.086	1.024	0.994
大连	1.079	0.929	1.086	0.994	0.991
秦皇岛	1.074	0.911	1.035	1.038	0.964
青岛	0.926	1.030	0.926	1.005	0.952
均值	1.120	0.964	1.078	1.041	1.051

从均值来看，2015—2020 年全要素生产率指数大于 1，表明我国沿海主要港口效率呈小幅增长趋势。技术效率变动指数上升了 12%，技术进步指数下降了 3.6%，因此技术效率的变动是推动港口效率上升的主要原因，而综合技术效率改善是因为纯技术效率提升了 7.8%，规模效率提升了 4.1%。这也印证了"一带一路"倡议相关政策实施以来，各港口加强了基础设施建设，信息化管理水平有所提高。

从指标来看，Malmquist 平均值最高的是汕头（1.253），湛江、烟台、大连、秦皇岛、青岛的 Malmquist 指数都在 1 以下，说明技术进步未达到有效状态。综合技术效率指数除深圳、青岛未达到有效，其余港口均为有效，这说明深圳、青岛港口管理方法和决策存在一定的问题。深圳和青岛在纯技术效率上同样也在港口排名末端，技术进步没有跟上港口发展状况。

将这 15 个港口的数据按时期进行进一步的划分，得出这 15 个港口各时期 Malmquist 指数的平均值，如表 6-17 所示。2015—2020 年"一带一路"港口在资源合理配置的情况下，全要素生产率提升了 5.1%。2016—2017 年

技术进步和规模效率提升，但技术效率变动和纯技术效率下降，导致
2015—2016 年与 2016—2017 年全要素生产率持平。2018—2019 年技术进步
指数提高，说明在其间重视技术提升，但纯技术效率和规模效率却有所下
降，综合效率属历年较低。

表 6-17　15 个港口各时期 Malmquist 指数的平均值

起止年份	技术进步指数	纯技术效率指数	规模效率指数	Malmquist 指数平均值
2015—2016	0.979	1.023	1.000	0.997
2016—2017	0.998	0.972	1.040	0.997
2017—2018	0.754	1.361	1.188	1.170
2018—2019	1.015	1.015	0.980	1.002
2019—2020	1.073	1.019	1.001	1.088
均值	0.964	1.078	1.041	1.051

6. 总结与建议

在剔除外部环境因素和随机误差的影响后，规模效率呈现显著的下降，
纯技术效率则出现一定程度的上升。因此，如果不排除这些外部环境因素和
随机误差，将导致物流效率评价上的偏差。根据以上实证分析，对提升我国
"一带一路"主要港口作业效率提出如下对策建议：

第一，各港口的物流业的规划、建设和发展都离不开政府的支持。政府
需要充分认识现代物流业的重要地位和作用，发挥主导作用，用"有形的
手"规划物流业发展。制定和推行符合经济带特征的物流产业政策以及相关
的配套政策，在政策和法律上为区域物流融合提供便利；改善经营环境，加
快物流基础配套设施的规划和建设，特别是支持物流企业的信息网建设，积
极推动经济带物流企业的战略合作、技术合作和供应链的全方位合作，并创
新贸易方式；拓展物流与金融、电商等新商业形态的深度融合，帮助物流企
业提高经营管理水平和市场竞争力，降低物流企业的经营成本；制定统一的
市场政策，促进公平竞争。

第二，提升物流资源利用率。有关部门应该精简用人制度和完善人员调
配系统，物流从业人员应该趋向专业化、稳定化，提高自身内部管理水平和
管理人才队伍建设水平，进而提高物流作业率。只有将物流资源融合起来进
行有效的整合和共享，才能使得投入有效，产出最大化，实现物流业产值和
比重的双向增长，从而进一步提高物流效率。

第三，提升物流规模效益。针对以上港口存在的规模效益低、物流效率受到规模效率影响的现象，本研究认为：为了做大做强物流业，各港口应该合理分工，简化物流程序和中间环节，实现各省份、国家之间贸易和生产要素的自由流动和合理配置，增强区域物流业联系、促进我国物流业的发展。

二、提升"一带一路"物流运作效率的对策建议

与沿线各国和地区协商推进贸易便利化、物流便利化合作，推进各国国际贸易"单一窗口"建设，并尽快实现互联互通，大幅度提升海关、商检等国际物流环节的作业效率，推动通关手续协作和结果互认，提高支付效率和单据处理效率，提升物流效率。鼓励引导阿里巴巴、京东等跨境电商企业，顺丰、圆通等快递企业，支付宝、财付通等第三方支付企业在"一带一路"沿线国家开展业务，培育市场主体，打造和改善"一带一路"沿线国家的商业生态。大力推进物流硬件设施和作业标准化、贸易便利化措施，探索物流设备（如集装箱、托盘）跨国流转流程，探索便捷的多式联运模式、甩挂运输，统筹优化海陆空运输方式的组合。积极推广应用物流软硬件创新成果，推动物流智能化装备、物联网技术、区块链技术和系统应用。

（一）加强"一带一路"沿线各国的政治互信和政策协同

在 2020 年新冠疫情的影响下，国际贸易合作严重受阻，世界各国经济发展出现倒退现象。"一带一路"沿线国家的贸易合作以及物流运输也遭到不同程度的打击，全球经济发展笼罩在一片阴霾之下。美国对中国的经济打压从未停止，中美贸易战反复拉扯，俄乌战争激烈进行，国际政治氛围紧张，使一些国家和地区对"一带一路"倡议的顺利进行心存忧虑。在世界"百年未有之大变局"的情况下，"一带一路"倡议的顺利进行，关系到我国千年发展大计。若各国之间缺乏相互信任，中国与"一带一路"沿线国家共建的大型合作项目必然受到不良影响（甚至可能存在停运风险）。为破解物流运作瓶颈，为"一带一路"倡议的实施营造良好的政治环境，加强"一带一路"沿线各国的政治互信迫在眉睫。

充分利用区域合作组织加强与各国的对话与沟通，增强政治互信，加强我国的"双边""多边"对接，进而推进"一带一路"的贸易便利化、物流便利化。包括落实与沿线国家的具体项目，推进利益共赢，深化合作基础；拓展与多边合作组织机制的"多边对接"，如东盟"10+1"、上合组织等，

在政策层面消除物流设施建设、信息化改造升级和业务协作的障碍和成本。

(二)加强沿线各国物流便利化合作,改善物流技术效率

1. 加强贸易便利化、物流便利化合作

着力研究解决贸易便利化问题,协商建立沿线各地公认的海关程序,协调规范合理的贸易规则和运输法规,通过促进货物和信息跨境流动,消除贸易壁垒、降低非关税壁垒,提高贸易自由化和便利化水平。落实世贸组织《贸易便利化协定》,进一步强化"一带一路"沿线各地境内外通关机构的合作协同,促进沿线形成更加便捷高效的跨境通关一体化机制。

沿线各国可以根据其他合作国的不同发展水平,推进具有差异性的贸易便利化进程。例如,对于沿线发展中国家,积极进行技术、投资等方面的合作,扩大双方之间的贸易量;而在推进与发达国家的贸易便利化进程中,主要就通关流程、过境管理方面的合作进行协同。合理化收费目录清单,引导和鼓励口岸经营服务单位如报关、物流、仓储等降费增效。各相关部门应加强口岸通关新政策、新模式的宣传讲解,确保企业熟练掌握通关、跨境的政策措施,并积极督促落实,完善外贸企业、物流企业与海关部门的沟通渠道和平台,营造区域内和沿线各地之间良好的营商环境,积极同沿线国家和地区共同商建经贸合作区、自由贸易区,最大限度地实现合作共赢。推进沿线各国海关、铁路、航空、港口及运营企业间的信息化建设,打造便捷高效的数字化沿线物流体系。

以西安咸阳国际机场为例,该机场的硬件设施和服务平台较为完善,但从效率分析结果来看,规模效率小于1,存在规模与货运量不匹配的问题,现有设施没有实现充分利用。西安可以依托其在"一带一路"倡议中的重要战略地位,在将自身打造成国际性综合物流枢纽的过程中,加强与沿线各国、各合作方的贸易往来和协作互助,积极鼓励和推进贸易便利化,加强互联互通,促进机场物流需求,增加进出口货运量,优化机场物流设施的利用效率。

在沿线参与国建立经贸合作区、自由贸易区,可以为来往贸易提供便于交流和管理的平台,增强沿线贸易的多边联系和合作。对于某些行业特征明显的经贸合作区,应充分利用这样的平台,按照其货物和运输条件进行专业化和集约化物流管理;也可以在原有经贸合作区的基础上进行升级,使其向高水平、高附加值和便利化方向发展。

基础设施建设是目前六大经济走廊建设中的先导部分，但由于资金缺口、贸易争端、地缘政治等因素存在不确定性，导致不同国家的基础设施完善程度差异较大。应当加快建立经济走廊设施联通、投融资合作等机制，促进物流基础设施建设衔接畅通。"一带一路"沿线国家之间要积极合作，互帮互助，致力于增强沿线各国的物流保障能力，促进各地区物流基础设施建设的完善和物流便利化，各参与方要协作打造有利于互利共赢的国际化物流平台，推进沿线物流技术显著进步、物流供需精准衔接、物流效率共同提升。

2. 推进沿线各国国际贸易"单一窗口"建设

"一带一路"沿线各参与方利用"单一窗口"，通过单一平台，只需提交一次标准化的单证信息，就能满足规定的政策法规要求。为便利企业通关，应进一步简化申报流程、改革通关模式、降低货物申报成本（主要是资金成本和时间成本）；在线申报不仅能够提高企业申报效率，也便于跨部门的信息共联共享。大力推广通关信息查询系统，改善重点监管、物流动态查询功能；优化移动客户端应用，提高平台用户体验；进一步推进"单一窗口"与铁路系统、港口、机场以及银行等金融机构的数据对接；同时，要注意加强平台大数据分析功能，既能够对通关货物的数据进行对比检测，掌握其供应链数据信息，也可以有效地评估风险，为有关部门提供决策支持。

3. 提升海关、商检等环节的作业效率，提高支付效率

海关通过在相关口岸配备智能化的检验和记录设备，提高单兵作业设备配备率，提高与交通运输、市场监管等部门实时共享检验检测信息的水平，方便快捷地衔接通关作业与物流操作，提高提货与运输效率；通过精简需验核的监管证件，优化通关流程，提升审批效率。减少沿线通关时对进出口企业所要求的必要单证数量，简化需要盖章和签字的必要环节，逐步形成单证标准化。建立口岸通关时效评估制度，细化并公开进出口货物通关作业的时限标准，方便相关企业合理制订生产以及运输计划。鼓励进出口企业提前申报、线上预约通关，对于部分货物进行"先通关，后查验"，缩短平均通关时间。

目前，国内的一些地区海关不断进行制度创新和模式创新，结果显示相关措施可以大幅减少货物所需通关时间，这也为其他地区的海关进行改革创新提供了借鉴。

除此之外，海关、商检等在作业时也需要建立风险预警和动态监测，要重视部门之间的联动。逐渐形成从全产业链视角监管和收集贸易信息的理念和模式，针对沿线各地区不同层次的产业基础和通关效率，实施不同程度的监管，例如，对于水平较高的地区，可以采用更灵活的监管方式，类似"无感监管""顺势监管"等，深化监管服务于国际贸易发展的理念。

目前，根据广州港现有的货物量来看，该港口的通关效率有待提高。可以考虑以货物实时监测和数据共享平台为切入口，简化不必要的通关单证手续，进一步促进关检业务全面融合。同时，对口岸环境进行改善，优化物流配置，这样不仅能提高海关工作人员的作业效率，也有助于提升沿线各地外贸企业的获得感，发展开放型经济。

沿线各国要加强绿色金融通道的建设，保证支付效率和高效贸易来往。另外，推进金融通道的普及和本土化运营，满足贸易往来过程中的支付、投融资以及风险管理等需求，从而提升跨境支付效率，促使贸易顺利进行。

为了实现更便捷的通关，也需要促进沿线各口岸规范建立收费公示制度，完善和推广支付服务平台，目前也已经有越来越多的海关将移动支付嵌入到监管系统，优化物流作业及税费支付服务。积极改革关税保证保险，促进担保改革创新；也可考虑实行汇总征税，借助第三方平台实现自费自缴。在沿线各地设置联网设备和平台，推行无纸化、电子化单证操作，提高电子化单证流转效率。

（三）促进电商、快递和支付企业发展，改善物流规模效率

1. 完善跨境电商企业物流平台

互联网和信息技术是电子商务的发展基础。目前，"一带一路"沿线各地的信息化水平不均衡；此外，跨境交易更需要完善的诚信评估体系，以实现沿线各地区之间贸易合作的长远和健康发展。

可在沿线设立跨境电子商务综合试验区，建立双边或多边电子商务合作机制，电子商务企业不能单纯依赖网络渠道，而应向线上线下全渠道转变，促进跨境电商等新业态、新模式的发展，积极为"一带一路"沿线国家和地区之间实现优势互补和贸易畅通提供强大动力。促进跨境电子商务在物流、货物和管理等方面的合作，如可以考虑形成相关经济合作平台，促进"一带一路"沿线国家和地区的跨境电子商务企业在政策、技术和贸易标准等方面的对接，充分发挥各方的不同优势，探索专线物流新模式，完善跨境电商业务链，加强海外仓建设和沿线跨境电子商务基础设施的连通合作，提

升通关效率，促进行业内的交流协作、共同进步，推动沿线形成公平透明的国际化和开放型营商环境。加强跨境电商与传统外贸企业、制造企业在商品交易、组织模式、仓储流程等方面的协作。可以考虑加强跨境电商企业与当地机场、港口等建立合作关系，签订合作备忘录，打造更加完善、快捷的仓储网络，促进产品销售，提高通关效率。

电商平台也要努力提升平台综合建设水平，根据定制化、国际化需求为用户提供更加完善的支付工具、物流选择以及免费翻译等在线服务。跨境电商在由本土向沿线、向世界进行品牌扩张的过程中，建立海外仓可以有效帮助电子商务企业减少货物周转时间、降低物流成本、提升通关效率、改善运输效率，有利于增强企业竞争力，帮助跨境电商企业更好更快地融入境外流通体系。

重点提升跨境电商仓储物流智能化水平，更新和采用标准化、规范化的仓储设备。可以持续优化现代物流的仓储流程，应用和推广便捷度高、准确性强的仓储管理系统，这样不仅可以降低仓储环节的人工管理等成本，还将极大地提高仓储效率和收验出货的准确性。目前"丝路电商"正在成为国家间经贸合作的新渠道，要积极利用这一机会，鼓励电商企业建立海外仓，同时加强全球服务营销网络的构建，积极扩大电商品牌的国际市场，提升国际竞争力和影响力。对于海外仓的建立和运营，在发挥其缩短物流时间、扩大商品销售种类等作用的同时，也要密切关注相关的政策变化，以及客户的信用资质，尽可能降低面临的政策风险、市场风险和信用风险。

目前，"一带一路"双向货量不平衡，因此效率有所差别，且沿线各地区对于监管、税收等的规定和要求具有明显差异，增加了跨境电商业务活动的不确定性。在"一带一路"沿线贸易中已经显示出较多跨境电商在业务活动中面临着税率、检疫、运输及报关清关速度等问题，企业要积极配合沿线各国的政策规定。

2. 鼓励快递企业开拓境外市场、参与物流基础设施建设

不断优化沿线运输组织，建立沿线快递行业合作协同机制。例如，组织沿线快递企业联盟，在便于开展内部业务合作的同时，还可以提高区域间物流衔接效率。这种方式不仅对于快递企业开拓市场有积极意义，也能促进国际快递行业的积极发展。深化快递企业与电商企业的合作，推进国际贸易与物流行业的信息共享和资源整合，在境外物流基地和仓配中心相互支持和配合，促进双方在仓储、运力和现代物流技术等方面的创新发展。

鼓励快递企业在沿线开展境外寄递业务，加强快递企业在沿线各区的网点密度和深度，加速打造快递网络，为客户提供进出口综合物流服务，提升快递企业的国际竞争力。快递企业在获得世界直邮服务认证之后，进一步开拓世界货代业务，积极采用海陆空铁"多式联运"开展物流服务，提升运输效率。目前物流服务已有向全方位供应链服务转型的趋势，这也要求快递企业创新协作形式，努力实现协作共赢；物流企业可以积极顺应自动化、数字化发展趋势，在大型物流基地适当引进无人驾驶载货小车、快递扫描无人机等有助于提高效率和智能化水平的设备。除了拥有先进的自动化操作设备之外，快递企业的物流仓储管理系统也需要借助大数据来提供更加高效稳定的进出货质量。

沿线的一些地区尚存在物流设施不完善、操作效率较低、缺乏协同性等问题。对于快递企业来说，可以根据自身市场和服务区域，对当地进行适当的投资，完善基础设施建设，这样不仅可以提高运输效率和服务质量，也有利于塑造良好的企业形象，打造品牌，赢得市场，契合"一带一路"倡议所倡导的"共商、共建、共享"原则。

3. 引导第三方支付积极参与物流服务和贸易环节

在电子商务跨境电商的运行中，支付是一个非常重要的环节，因此支付程序的便利化显得格外重要。多样化的跨境业务场景促使第三方支付企业积极参与到"一带一路"物流服务中；同时，支付产业链条的价值也不容忽视，如国际结算、货币兑换等环节有待充分挖掘，这些环节都蕴藏着巨大的市场开发价值。"一带一路"沿线的 B2B 业务量巨大，这对于拥有独立技术的第三方支付企业来说，是开拓境外市场和获取丰厚收益的绝佳机会。

第三方支付企业可以提供低成本、高效率的支付服务，也可以加强与电商和快递企业的合作互联，这样不仅有利于市场占有份额的稳定，也有助于培育市场主体，形成沿线地区的新业态。分析和参考沿线各地区关于跨境支付的政策法规和支付习惯，综合考虑跨境交易中的安全性和便利性等问题，努力形成适合沿线各国适用的统一的标准化跨境支付平台，使跨境电子商务的上下游联系起来，形成一个健全的跨境电商物流支付体系。目前大多数第三方支付平台的主要业务在其境内，在"一带一路"沿线国家进行跨境支付业务时可能有所局限，可以考虑与外部同行企业进行合作以实现共赢，也可以与快递企业或者电商平台进行业务互联以寻求市场。此外，跨境支付往往需要结合新技术才能较好地满足来自企业客户关于效率和汇率的要求，沿线各地也需要加强在线支付系统的开发和完善，重视发展数字化以及金融知识的宣传和教育。

（四）推进物流设施标准化和运输方式互补，提升综合物流效率

1. 推进物流设施标准化建设

进一步完善"一带一路"沿线各口岸的基础设施，加强设施设备改造。物流硬件设施，如交通工具、物流信息平台、检测和电子标签等，尽可能按照国际统一规定进行设置和管理，这样有利于货物进出库和物流运输的顺畅进行。这一措施也需要物流企业之间加强协作交流，在参与"一带一路"沿线贸易的过程中秉持开放合作的态度，在进行信息互联互通的基础上，推进物流硬件设施的规模化和标准化。另外运输员和检验员的技术要求和工作标准也需要与国际规定趋于一致，实现作业标准化。重视对物流企业人员进行专业和必要的培训，保证其工作能力；重视对海关工作人员的专业培训和继续学习，不断提高其工作效率和协调能力。

物流行业应该加速投入物流机器人、无人驾驶、分拣扫描机器人等智能化机器设备，借助其视觉功能、路径规划、控制调度等技术实现自动化、智能化的拟人操作，这样形成的智能运输和工作系统，在多机协同、路径优化等方面较人工操作更具有优势，既可以节省招聘、培训等成本，还可以提高仓储、运输的效率，及精准性。对于进出通关的各种费用和需要满足的条件，也要共同协商，进一步达成统一。沿线各国的信息公开、政策指引要做好，对于外部物流企业进入本区域市场，要保持积极引导、支持鼓励的态度，尽量保证公开、公平、公正，鼓励物流企业进行投资，提供贸易指导，提前告知政策变化信息，促进贸易便利化。

在国际货运中，物流设备（如集装箱、托盘和其他集装器具等）目前仍然存在设备参数不一致和智能化程度不一等问题，因而限制了运力和效率。通过建立高效稳定的集装箱管理系统，可以实现在跨国流转中的货物跟踪；通过大数据和物联网提高货流预测的准确性，提高集装箱利用率；还要注意加快集装箱周转，减少周转时间尤其是空箱滞留时间；可以为集装箱配备传感器、测量器等，实时更新所处环境和空间数据；与箱站合作，定期进行修箱管理，保障集装箱状态和效率。推进物流标准化尤其是设备标准化是实现该行业降本增效的必要前提之一。长期以来，由于存在因托盘质量、尺寸等不一致而导致物流搬运效率不高的现象，因此，应进一步提高托盘的保

护性和标准化，加强托盘运输的便利程度，降低托盘运输对仓储质量的依赖程度；同时可以考虑企业间托盘循环共享，这样既能够提高托盘的利用效率、减少转运工作量，也能够降低企业的成本。建议提高物流设备和港口和沿线口岸的自动化水平，增强堆存能力，提高不同物流设备的通关效率。

2. 探索和推广多式联运模式

"一带一路"沿线地区海陆兼备，因此，提升沿线的国际物流保障能力也需要综合运用多式联运，发挥海陆空运输的不同优势，促进多种运输方式优势互补，引导沿线各参与方共同科学布局物流网络。多式联运对推动物流业降本增效和交通运输绿色低碳发展、完善现代综合交通运输体系具有积极意义。

应当加快对"一带一路"沿线的运输通道的疏通和完善，以促进沿线物流运输方式的多样化。"一带一路"沿线的物流运输目前尚处于逐步探索、推广多式联运模式的阶段，但如果沿线国家没有就制度建设和交通综合管理体系达成一致，势必不会提高物流效率。因此，在"一带一路"沿线发展国际多式联运模式时，政府需在运输网络的便捷化和系统化、职能部门权限设置和通用制度约束等方面加强合作和协商。以运输部门的管理职能问题为例，当多种运输方式分处于不同部门管理时，这种多头管理易引发各自为政、利益冲突等矛盾，而"一带一路"沿线的物流自始至终提倡的是"共商共建共享"，因此沿线各国之间以及各国内部可以进行协商，形成统一的运输管理职能部门，保持政策规定的一致性和各种运输方式之间的优势互补、积极协同，提高物流效率。

除此之外，"一带一路"沿线各国政府应该积极采取税收优惠、资金补贴等政策措施，鼓励更多相关物流企业和资本进入市场，降低准入门槛，提高各参与方尤其是企业运用和推广多式联运模式的积极性。

开展多式联运模式，需要构建集"水陆空"为一体的交通运输体系，加强海陆空运输方式之间基础设施建设的衔接，为多式联运过程中的中转环节提供基础平台，而这也有赖于沿线各地区之间的贸易壁垒和市场分割。需要关注运输期间的转运系统和运力联接，加强运输设备的智能化，建设强大的转运系统，制定优化合理的转运方案。这种模式对于运输组织模式、信息的互联互通以及联运网络的要求较高，因此需要必要的运输联盟或者物流通道，从而高效配制物流资源、实现各种运输方式扬长避短、高效联动。

(五) 加快构建智慧物流的进程，提升物流技术效率

物流业作为连接生产制造企业和消费者的复合型产业，具有普遍的系统性、网络性和链接性；并且物流业凭借其自身具有的显著流动特征，在新技术的支持下，已经被纳入新型基础设施范畴。"一带一路"沿线目前的物流基础设施建设水平处于非均衡状态。从整体考虑，开放共享思维是推动沿线物流发展和进步的基础，不仅需要物流行业内部协同一致，也需要与其他行业、其他技术进行吸收共享。

1. 探索并推动物流软硬件创新

目前各地提倡的智慧物流已经成为引领现代物流的焦点。借助软件系统控制和管理物流系统是发展和进入程控化阶段的可能路径。通过编程可调度、可控制物流硬件，"一带一路"沿线可以更多地引入和应用物流机器人。自动化设备的推广和应用是打造智慧物流的必要过程，目前一些电商和快递企业已经开始使用无人仓和智慧仓技术、分拣输送自动化技术，这些能够极大地降低人工成本，并且替代效果甚佳。

现代物流行业的顺利发展得益于信息化，信息技术的创新和推广又可以使得物流作业的自动化、智能化水平显著提高。条形码、货物跟踪技术、仓储管理系统等信息技术手段的应用，便于信息实时更新、传递、共享。规模化的物流仓储、配送辅以智能完善的系统支撑，不仅优于传统管理的效率、质量，还能够缩短周转时间、提升物流仓储效率。

2. 加速引进区块链、物联网等新技术

除了物流行业自身对技术的创新需求，物联网、5G、区块链技术等新技术也在深刻地影响物流行业的技术发展。

近年来，物联网、人工智能、云计算、大数据等信息技术的产业化、商业化趋势，使得物流行业的基础设施也需要结合 AI、5G 等新技术在物流领域的实践和应用，不断开发出更多样化、智能化的功能，从而适应沿线各国不同的业务需求。物流信息通常和商流信息、资金流信息有交叉，因此对于数字化需求巨大。对比传统物流系统，智慧物流需要通过软件处理手段定义物流系统，因此目前沿线各地迫切需要建立起具有模型化、代码化和工具化的虚拟物流系统。例如，区块链技术具有"去中心化"的特点，信息源可追溯，物流行业通过与之相结合，可以实现货物从生产端到消费端全阶段追溯，实现对客户权益的充分保护。物联网在降低风险和保障效率方面具有强

大优势，如物流机器人既可以代替人工进行危险性较大的运输仓储，也可以利用数据库的互联共享，智能化地选择路线优化、空间优化或者其他诸多降低运营成本的方法，并且能有效地保障效率。目前只有少数企业和环节配置了 AI、3D 等技术，原因主要是缺乏高素质人才和技术。因此，在积极推广和应用技术创新的过程中，引进技术型人才成为必要，这也有益于企业参与国际竞争。

第七章 "一带一路"物流设施建设的投融资瓶颈及对策

一、"一带一路"物流设施建设投融资的意义与现状

(一)"一带一路"物流设施建设投融资的意义

2013 年提出的"一带一路"倡议为全球价值链增长提供了新思路和新的发展契机。随着国际分工的重新调整,沿线国家之间的经贸合作日益紧密,这意味着与经贸合作相辅相成的物流网络运输布局在沿线地区及其辐射范围内的不断调整和升级,从而促成新的贸易线路延伸,快捷便利运输通道的形成。

2019 年第二届"一带一路"国际合作高峰论坛召开,聚焦于中国与沿线各国及区域基础设施互联互通合作议题,主要涉及航空运输、电网和地铁铺设、港口调度等,其中物流体系建设占据重要地位。

基础设施建设是新丝绸之路的关键保证,沿线国家和地区在稳步迈向城市化的进程中对于高效安全的基础设施有着美好的憧憬。目前陈旧和落伍的基础建设难以匹配发展的速度,"联而不通、通而不畅"更是困扰很多沿线国家和地区经济发展的基础性难题,需要加大力度进行改造,这是破解经济发展难题的开始。

截至 2022 年 1 月底,中国政府已与 147 个国家、地区和 32 个国际组织签署了 200 项政府间合作协议。

铁路、港口等物流基础设施建设具有投资大、周期长、风险大、收益不确定等特点。目前,倡议的参与方中大多为发展中国家,经济实力薄弱、发展水平受限,自身缺乏资金投资建设本国区域内物流设施,更难以单独承担物流建设的投资成本。投融资瓶颈是制约"一带一路"物流体系建设的重要障碍因素。

（二）"一带一路"物流设施建设融资的现状

在"一带一路"倡议规划落地的过程中，基础设施互联互通是"一带一路"建设发展的先导兵、急先锋。"一带一路"基础设施项目建设由于涉及不同国家和地区，规模巨大和协调困难使得参与门槛较高，而各国的天然地理禀赋和自身建造能力的参差不齐又使得项目本身的投资风险较高、周期较长。

"一带一路"沿线地区物流建设项目融资主要依靠的是银行信贷等间接融资方式。沿线国家超过半数是发展中国家，财政支付和国家政策性开发银行投资是"一带一路"沿线基础设施建设的重要资金供给。我国政策性组织机构（特别是国家开发银行）积极响应"一带一路"倡议，商业银行更是积极参与到沿线项目投资中来。据统计，2015—2017 年，中国银行业共在"一带一路"沿线投资 2 700 个项目，投放了 4 000 亿美元的授信额度，2 000 亿美元的信贷额度，以及 2 000 亿美元的贷款余额。

作为倡议的提出方，中国的政府和商业金融机构为沿线工程提供了重要的融资支持。当前，"一带一路"沿线各国的资本市场大多处于较相对落后的发展阶段，投资回收期限长、回报率低的特点使其建设融资模式较为固定，国际资本市场话语能力弱，难以对国际资本形成强有力的吸引。相比之下，中国政策性和商业性金融机构虽广泛参与，积极助力"一带一路"建设，但是融资方式呈现单一化趋势，融资结构是否合理，资金支付是否长期可持续等问题需要持续关注、动态解决。尤其是海外项目出现的不良贷款和其他财务风险，往往由于资金规模巨大必然会波及国内，从而影响到我国的金融系统，进而危及我国的金融市场。

（三）"一带一路"物流基础设施建设的资金供求分析

1. "一带一路"沿线国家基础设施及互联互用资金需求

根据世界银行的预测，到 2030 年，发展中国家在基建方面的资金缺口将达到 8 640 亿美元。到 2030 年，"一带一路"沿线各国的市场需求将达到 6 499 亿美元。"一带一路"沿线各国基础设施建设的规模排序分别是中国、印度、印度尼西亚、俄罗斯、波兰；而增长速度从高到低的顺序是越南、中国、卡塔尔、孟加拉国、印度，两者存在着明显的错配。上述的世界银行估算并未包括跨境物流基础设施融资，据亚洲发展银行估计，亚洲各区域间的基础设施连接项目每年要投入 2 900 亿美元。

2. 目前资金融通的主要渠道

在"一带一路"沿线各国进行基础设施建设时，以公共预算和发展银行为主导的公共支出是主要融资渠道。根据世界银行资料，在基建项目中政府投资在沿线各国的基建项目中所占比重大约为 65%。"一带一路"沿线地区的基础设施建设日益紧迫，单单依靠各国政府开支显然已经不能满足需求。

政府牵头、企业参与的 PPP 项目可以有效化解"一带一路"基础设施融资缺口问题。世界银行官方数据显示，2015 年"一带一路"沿线基建领域，私人资本投入 147 个基础项目，投资金额约为 620 亿美元。

多边开发银行为沿线基础设施建设的融资功不可没，其远低于商业银行的融资利率、宽松的还款期限和灵活的条款为大型基建工程资金流的可持续性提供了保障。"一带一路"沿线基建项目的工程资金主要依靠世界银行、亚洲开发银行和欧洲复兴开发银行的鼎力支持。仅 2015 年，上述三家多边开发银行为"一带一路"沿线国家地区的基础设施建设项目放贷金额分别为 105 亿美元、79 亿美元和 18 亿美元，约占年度贷款总额的 30%。

债券市场和基金市场是大型基础设施项目的新兴融资阵地，特别是养老基金、保险基金、主权基金等，资金量充裕，使用期限较长且与基建项目生命周期相适应，因而获得了更多的关注。

二、"一带一路"物流基础设施建设的融资瓶颈分析

（一）投融资需求不对称

"一带一路"倡议沿线的国家和地区大多是发展中国家，包括西亚、南亚、东南亚、中亚和中东欧等地区。物流基础设施的打造离不开高额的资金支持。沿线许多国家缺乏建造经验、资金需求缺口大，仅靠本国国内的融资难以满足基础设施建设资金需求。

（二）融资方的政治和法律风险

融资方的环境是制约投融资进展的重要瓶颈之一。简单而言，融资方的政治文化环境和地缘政治等方面的不确定因素可能会影响投资的安全。由于"一带一路"倡议涉及众多国家和地区，国家和地区间的天然资源禀赋、文

化和宗教信仰、社会形态、发展历程、法律法规等方面大相径庭。物流基础设施的建设过程涉及大量资金需求，无论是主权国家的投资还是私人企业的投资，都十分关注投资的安全性和收益性。由于上述各方面存在显著差异，外部资金在进入时要做好相应的调查和评估。由于多方面的差异，国家间的协调难度也很大，个别基础设施项目可能因为缺乏有效的协调而长久拖延下去。

沿线国家文化差异很大，投资法律体系间也存在着很大的差异。融资方的法律风险主要集中在非商业法律风险方面，如政府违约风险、战争暴动风险、国有化征收风险和汇率风险。这一类风险一旦发生，投资方基本上是血本无归，损失惨重。如果是国际金融机构进行投资融资，应对此类风险的能力还是比较强的（如果是市场中的企业投资方，在发生上述风险时将会直接面临破产）。当融资国直接将投资方投资的基础设施国有化时，投资方可能部分或者全部丧失对基础设施的收益权。要积极采用市场化的手段解决沿线国家的融资问题，融资方的法律风险是一个必须要解决的难题。可以说，如果市场参与者无法受到法律的保障，投资的安全性很难受到保障。以 BOT 模式为例，其是吸引民间资本投资公共基础设施建设的一种方式，现在已经是比较成熟的一种模式。BOT 模式通过"建设—经营—移交"的方式融资建设，是政府向民营企业颁布特权，允许其建设成功后通过经营还本盈利。像这种特殊的经营方式，当投入到"一带一路"沿线国家的基础设施建设中时，如果相应的政治法律风险不能够得到合理的解决和保障，项目方是很难投资建设的。又如像世界银行这一类的国际金融机构，其有向发展贫困国家基础设施建设投资的义务，也有贷款的工程必须实行国际招标和土木工程施工必须采用国际通用合同的规定。融资方如果没有按照合同规定严格完成项目，将会直接面对世界银行撤销项目的风险。当融资方存在明显的法律风险时，世界银行可能就不会对其基础设施进行投资。所以，融资方的法律风险也是制约投融资的重大瓶颈之一。如果法律风险问题比较大，通过市场化的多途径融资将无从谈起，国际性金融机构也可能不会对其进行投资。

（三）项目风险高，还本付息存在不确定性

项目风险愈高，投资期限愈长，资方要求的投资收益也会水涨船高。"一带一路"倡议沿途地区政治环境差异明显，蕴含战争风险，项目生命周期较长，这些因素最终都会体现在资方较高的投资收益率要求中。

由于一些国家潜在的政治风险和较高的法律风险，商业资本期望得到与高风险相匹配的高收益回报，而项目主办国政府通常只以略高于市场基准利率的融资标准来获取资金，这么低的成本商业资本几乎不会参与，只有政策性开发银行和国际援助资金才会提供相应帮助。但是这类资金往往额度有限，远远不够覆盖项目的整体建设。正因为如此，较多基建项目往往在意向阶段就会夭折。

（四）投资主体存在局限性

"一带一路"倡议下的物流体系建设不是某一个国家的独角戏，也不是某一个金融机构的主要职责。投资方主体在投资沿线国家物流基础设施建设的过程中也存在着一些局限性，这也是制约沿线国家物流基础设施建设投融资的因素之一。当前，沿线国家融资主要依赖中国和一些国际金融组织，但是，事实上不论是中国还是这些国际金融组织在投资方面都存在着自身的局限性。

中国作为"一带一路"倡议的提出者，在沿线国家的融资过程中一直承担着重要角色。实际上，投融资合作不是单向的资金支持，而是需要各方共商共建，构建共同付出、共担风险、共享收益的利益共同体。面对沿线基础设施建设过程中的巨量融资需求，我国没有能力也没有义务单方面地提供资金支持。同时，物流基础设施的投融资周期比较长，如果单独由中国一方提供资金支持，一旦出现投资资金短缺，沿线被投资国家的物流基础设施项目可能会面临停工甚至是流产。还有，受"中国威胁论"的影响，即使中国有相应的资金能力，部分沿线国家和西方强国也不会允许中国的投资成功地进行。

引入私人资本作为市场化调节的有益补充，是弥补政府财政资金不足的合理解决方案。但是在现实情况下，私人资本的参与意愿本身就不确定，是否参与取决于资方对于经济周期、政府政策以及法律监管等多维度的综合判断，即使通过了可行性评价，也并不是所有公私合营项目都可以产生正向收益。私人资本的参与还可能给东道国政府带来较高的财政风险，政府可以通过事前控制和事中监管来防范和规避这些风险造成的不利局面。在合营项目中，政府往往会为建成后的收益背书，但项目长期运营收益受经济周期、汇率和政治形势等多方面的影响，一旦私人资本没有获得期望收益或者回收原始资本，政府就会面临高额违约赔偿。因此，公私合营形式要求政府搭建完备的合同框架和项目说明，并提升对于基建项目的招标、评估、融资等全过程的监管和控制能力。

（五）已有的多边金融机构和政府增资有限

"一带一路"沿线的发展银行包含了世界银行、亚洲开发银行、欧洲复兴开发银行、亚投行以及金砖国家新开发银行。世界银行、亚洲发展银行和欧洲复兴发展银行都是以促进世界和地区经济的发展为目标，综合考虑多重因素，基建贷款只是其中的一项。2015年，世界银行为"一带一路"沿线国家和地区提供了将近249亿美元的贷款，其中42%为基础设施投资；亚洲发展银行向亚洲提供了149亿美元的贷款保证，53%用于基础设施建设；欧洲复兴发展银行共向中东欧地区提供了94亿欧元的贷款，其中包括19%的基建项目。亚投行和金砖国家新开发银行计划投入约1 000亿美元，与亚洲发展银行的1 650亿、世界银行的2 800亿相比，有相当大的差距，预计每年的放贷总额不会超过亚洲发展银行。在融资计划方面，虽然世界银行与亚洲发展银行都打算在今后扩大对亚洲的信贷支持，但每年的信贷增长幅度都不会超过100亿美元，这与"一带一路"各国之间数以万亿美元的差距相比，仍有很大差距。在"一带一路"沿线各国的基础设施建设方面，也很难实现大幅增长。

长期以来，在世界范围内资本倾向于聚焦如何降低对发展中国家基建项目投资的扶持规模。这一方面会加重资金支出国的财政压力，另一方面也会限制发展中国家发展扭曲市场资源配置。中国作为"一带一路"的倡议者，在推动"一带一路"基础设施建设过程中一直都承担着投资的角色，但是仅仅依赖中国方面提供融资既不现实，也难以为继、显失公平。同时，"一带一路"是大家共同努力、共同发展的平台，共商、共建、共享不仅是发展的主旋律更是谋求新局面的指南针。作为"一带一路"倡议的提出方，中国也一直在为沿线国家的资金融通努力。到目前为止，以中国国家开发银行为代表的开发性金融机构已经成为众多沿线国家的合作伙伴，共同为沿线物流基础设施建设服务。应该积极建设国内金融体系，使用股权、债权等金融工具积极为基础设施建设募集资金。

三、解决"一带一路"物流设施投融资问题的对策建议

"一带一路"倡议是致力于沿线国家共同发展的全球性公共平台，在物

流基础设施建设过程中的融资需求不应当由我国单独承担,沿线各国应该共商、共建、共享。当前,应该拓展市场化、多层次的融资渠道,追求合作共赢的建设和运营模式。

(一)东道国应改善国内环境,降低外部资金进入的阻力

一部分"一带一路"沿线国家和地区具有地缘政治风险,政治环境易激发不安定因素。尽管"一带一路"沿线国家有着改善自身基础设施的迫切需要和实现共同发展的美好愿景,但是不排除大国在该区域竞争带来的不确定性风险。当大国政策影响沿线国家内部的政治局势时,就会给物流基础设施建设带来重大风险,这也是外部资金迟疑的原因。东道国想要在物流基础设施建设上获得融资,就必须协调国内政治矛盾、降低政治风险,给资金的投资方提供一个安稳的环境。如果国内的政局变动不影响融资国和投资方的项目合作,投资方自然会大胆地为融资国提供资金。

"一带一路"沿线的国家和地区众多,文化和习俗各不相同,这其实也是阻挠沿线国家融资的重要原因之一。由于透明度以及语言文化差异的问题,外部国家在进入目标国前需要进行大量的调查研究。沿线融资国家应该主动和投资方沟通,降低彼此间因为文化差异而产生的理解偏差,共同促进投融资的顺利进行。法律风险和政治风险一样对融资活动的影响非常大。常见的法律风险有战争内乱风险、项目国有化风险、货币汇兑限制风险以及东道国违约风险。同时,在融资过程中采用的 BOT 模式、PPP 模式、TOT 模式和 ABS 模式也会因为法律风险问题面临项目夭折等情况。沿线国家要在自身基础设施建设中得到外部资金的支持,就要以诚待客,不要通过各种"偏门手段"损害外部资金的合法权益(像是项目国有化风险、货币汇兑限制风险和东道国违约风险都是东道国想要通过不正当手段获取利益的手段,如果东道国经常采用这类方法来损害投资方利益,只会在国际社会中树立起不友好的形象,在接下来的国家基础设施建设过程中,会很难获取主权国家的投资和国际多边金融机构的投资)。同时,采取 BOT、PPP、TOT 和 ABS等模式为沿线国家提供资金的项目方也会因为法律风险问题否决掉相应的投资计划。在基础设施投资方面由于投资额度巨大,当产生矛盾时一般都会比较棘手。作为东道国,应该站在一个公正中立的角度来协调解决矛盾,争取矛盾双方的问题能够合理解决。如果东道国实在无法解决,应该允许争端的双方或者多方通过争端评审委员会的方式进行解决。简言之,东道国应当尽

可能地减少投资方投资过程中可能会面临的法律风险，且一旦发生争端时，东道国应该站在一个客观公正的角度去解决问题。

(二) 作为"一带一路"的倡议者，我国应积极提供帮助

由于长期的国际收支盈余，我国大量的外汇储备被视为"一带一路"沿线各国基础设施建设的重要融资渠道。然而，我国的外汇储备不足以完全支撑"一带一路"沿线各国的长期基础设施建设。要建立一个广泛、公开的资金池，把外汇储备、政府资金、社会资本、海外资本等都纳入其中。

(三) 促进"一带一路"沿线资本市场的发展

资本市场特别是债券市场的繁荣和开放，有助于缓解沿线国家和地区的融资困难。"一带一路"沿线各国，特别是日本、中国香港、新加坡等国家和地区，资本市场相对成熟，而其他国家和地区，则是以商业银行融资为主。

海外发债作为一种新的融资方式，将会越来越突出其在国际市场中的地位。在不损害国家财政安全的前提下，可以继续完善沿线国家海外发行债券的有关制度，为"一带一路"募投项目境外发行债券提供具体的指导，并探索新的融资方式。同时，鼓励境外机构到香港进行离岸债券发行工作，进一步打通在岸和离岸债券的市场，健全离岸人民币的交易和流通，增强债券的流动性。另外，沿线国家还可以通过发行国债的方式为基础设施项目募集资金，允许私人企业参与到基础设施建设过程中，允许有实力的企业发行企业债券募集建设资金。对于具备稳定现金流、回本周期长的项目，可以主动通过 ABS 的方式实现资金的快速回笼。

(四) 完善私人资本保障和退出机制

为了充分发挥私人资金的作用，几乎每一个多边金融组织都会大力鼓励和扶持私营企业。然而，"一带一路"沿线各国的基础设施建设存在着巨大的风险，而民间资本往往无法满足其资金需求、回报率以及资产结构。而且，基建资产也会引发债务和产权纠纷，而这对于私营企业来说更是难以承受。

要充分发挥进出口信贷等政策性保险机构在保护民营资本的投资权益方面的作用。鼓励政策性保险公司为"一带一路"国家大型、长期基础建设

项目设计风险防范产品，为工程项目、海外财务和项目相关的人员提供相应的保障。同时，要加强与"一带一路"沿线各国的保险公司之间的合作，建立良好的合作关系，为"一带一路"的发展创造有利的外部条件。

在 PPP 项目中，私募股权的清算、回购和转让机制应进一步完善。在基本建设项目的中期和阶段性投资任务结束后，民间资本可以通过政策支持等手段退出，鼓励预先商定的项目启动股份回购或者项目股权向外转移。随着资本市场的不断完善，资产证券化或项目优质资产上市也是一种思路，这也使得"一带一路"沿线各国的私营资本退出拥有更多的选择和灵活度。

第八章 "一带一路"物流基础设施与产业协同发展的障碍和对策

一、"一带一路"物流设施与产业协同发展的意义和重点领域

"一带一路"倡议的提出，不仅有利于我国以及沿线周边国家发展经济，而且也为缓解我国各产业的过剩产能寻找了突破口，各产业特别是物流业正在面临新一轮对外开放的重大机遇。在"一带一路"倡议架构下，我国物流业为了更好地构筑全球的竞争优势，当前的首要任务是促进物流产业与"一带一路"物流设施的协同发展，提升国际竞争力。从"一带一路"倡议的"五通"目标看，政策沟通和设施联通都是搭台铺路，经贸畅通和资金融通是唱戏的主角，民心相通是最终的结果。因此，伴随着"一带一路"物流体系的建设和完善，我国的各个产业（尤其是物流产业）要及时地跟进，建立和强化沿线国家和我国的经贸联系，建立起产业链和供应链方面的密切联系，达到互利共赢的目标。

所谓协同发展，就是指协调两个或者两个以上的不同资源或者个体，相互协作完成某一目标，达到共同发展的双赢效果。协同发展要求我国各个产业要适时"走出去"，到"一带一路"沿线国家投资合作，并且在业务上各产业发展要和"一带一路"物流体系相适应、相配合，互相促进。"一带一路"物流体系延伸的过程，应该是我国优势产业走出去的过程，这既是推动区域经济合作的过程，也是我国企业培育商业生态、经营经济腹地的过程，通过互利共赢的合作活动有利于巩固和提升我国和相关国家全方位的伙伴关系，进而提高我国的国际影响力，挫败国际敌对势力孤立封锁我国的图谋。

整体而言，应和我国"一带一路"物流体系建设保持协同发展的重点产业领域应包括以下几个方面。

（一）物流产业

物流体系或物流设施建设的过程在很大程度上就是我国物流业对外投资

和经营的过程。我国企业在"一带一路"沿线投资和承包了大量的港口、铁路、机场、管道和各种物流园区等设施，如比雷埃夫斯港、瓜达尔港、皎漂港、汉班托塔港等重点港口，也承建了雅万高铁、中泰铁路、中老铁路、匈塞铁路、蒙内铁路，还建设了中缅、中巴、中俄、中哈油气管道等物流设施。

在物流设施建设推进过程中，我国的海陆空运输企业、仓储企业、物流企业、跨境电商企业、国际快递企业、各类货代企业要积极到重要的物流通道的关键物流节点投资布局，投资集装箱场站、海外仓、中转中心、流通加工和配送中心、快递网点等设施。在这个过程中，物流相关的保险业、银行业、法律会计服务、资讯信息服务也要及时跟进，提供各类配套服务。

（二）各类对距离、成本或贸易壁垒敏感的制造业

我国有不少制造业在国内竞争激烈，面临着各种成本挤压，处于衰退边缘，但这些企业的技术和商品在不少"一带一路"国家还有一定的竞争力和市场空间，对外出口也通常面临着各类贸易壁垒和较高的运输成本阻碍，这种情况下可以积极考虑对外直接投资。国家在和相关国家协商签署"一带一路"合作文件时，可以协商在重要的物流通道上合作建设一些产业园区，组织引导国内一些产品适应东道国市场需要的制造业企业进驻经营，或者设立产业链上的某些工序环节，以便充分利用国外相对低廉的劳动力、土地、资源或优惠政策。像我国的钢铁、汽车、家电、纺织服装、农产品加工等产业都可以考虑到政局相对稳定的国家投资经营。

（三）互联网企业和高新技术企业

我国的电子商务平台企业、第三方支付企业和快递企业具有较强的竞争优势，有能力发挥引领和组织作用，要在"一带一路"沿线国家积极布局，设置物流网点和海外仓储设施，为中国和所在国家企业和消费者搭建采购和配送的渠道和桥梁，并带动目标地的网上支付和快递网络的普及，逐步营造商业生态，为当地企业和居民提供便利化服务。除此之外，像我国的一些高新技术企业，如新能源产业、电子信息产业、通信产业、智能制造产业、其他新经济企业也要积极跟进，设置生产或分销设施，开拓相关市场，完善相关产业的国际供应链体系。

（四）各类服务业

随着"一带一路"互联互通水平的提升，以国际贸易、对外直投投资和国际工程承包为纽带，我国的物流运输业、银行业、保险业、批发零售业、信息技术服务、法律服务、会计审计服务、其他商业服务、国际留学、旅游业等服务行业也应积极向"一带一路"沿线国家拓展业务，早期可以跟随我国对外投资的制造业企业或工程承包企业并为他们提供服务，进而可以开拓当地企业，为东道国企业提供服务。

二、"一带一路"沿线物流基础设施与产业协同发展的障碍

在"一带一路"建设的早期阶段，我国物流等产业和"一带一路"物流设施协同发展是协同发展的重点，国家应制定相关宏观政策协调和规划，由相关部门组织协调和推动，重视防范相关风险，开展方向明确的有序聚集发展。

目前物流等产业在对外投资和协同发展方面还面临诸多障碍，如政策制约、市场开拓障碍、物流障碍、结算障碍等很多贸易物流便利化障碍，有待破解。

（一）体制机制不完善

周政达（2020）从"一带一路"视角探究了影响我国国际物流发展的因素，发现随着"一带一路"各项政策的不断推进，国际商贸物流的繁荣程度可以提高50%以上。"一带一路"倡议在我国境内的辐射范围主要以西北、西南地区为主，这些地区的发展相对于东南地区，尚处于相对落后阶段，不能有效地利用各种优惠政策，基础设施建设不足，发展水平相对落后，对于这些地区，为了促进"一带一路"沿线国际商贸物流的发展，需投入大量的人力、物力和时间成本，这一条件在短时间内难以满足。

尽管研究表明，"一带一路"倡议会促进我国国际商贸物流的繁荣发展，但是由于我国各省市的观念具有差异性，各个地区非均衡发展，从而使得各项政策不能均衡实施。"一带一路"倡议实施后，新疆、河南、福建、重庆等地为了能成为新丝绸之路的起点，展开了全力竞争，但这种无序竞争也使得资源被浪费、趋于同质化、功能定位不明朗且重叠等问题凸显。

另外，与世界上最先进的物流公司相比，国内的国际贸易物流只提供一

种运输和服务，不能形成一条相对完整的供应链。搭建完整的产业链，也需要相关的政策支持。从广东省中欧班列来看，尽管广东省在开通中欧班列前已制定下发了若干政策文件，但对全省中欧班列发展的总体规划却缺乏总体把握，商务口岸、财政、海关等部门之间各司其职，缺乏统一的协调机制。

（二）市场开拓风险和障碍

当前，我国已与南亚的部分国家和地区形成了经济利益共同体，但从贸易额来看并不理想，这表明发展当地的落后产业是一个突破口。南亚的主要工业是初级商品，可以借助"一带一路"的丝路顺风车，使南亚各区域的工业平衡发展，从而提升地区间的国际贸易体量和物流水平。

内陆城市在国际物流上有一个很大的缺陷，如不靠海、港口少。所以，如果各大城市想要参与到"一带一路"的建设中来，必须充分认识到自己的劣势，根据本地区的实际情况，统筹规划，杜绝人云亦云造成同质化竞争。

（三）物流障碍

1. 物流设施的标准化、自动化问题

物流基础设施是物流产业在"一带一路"沿线建设的排头兵，物流设施的完善会进而带动沿线区域的协同发展。物流基础设施的完善对于"一带一路"沿线物流效率的提升有着重要的意义，物流产业的布局和建设越全面、设施更新能力越强，沿线物流的运输仓储能力和对相关地区经济的带动能力就越显著。目前沿线的物流设施，包括物流软、硬件设施（如交通工具、集装箱等运输工具、物流信息平台、检测和电子标签等），其统一化、国际化水平还有待提高，尤其是沿线一些国家内部的物流设施尚不能够满足自身市场需求，缺乏自动化、便利化的高效物流基础设施，无法与沿线其他国家的物流水平接轨。总体来说，沿线物流产业的投资力度尚存在不足，物流基础设施的建设水平在目前阶段仍处于非均衡状态。

随着"一带一路"倡议的实施，我国沿线国家的交通运输模式逐渐形成，构建快速、高效、低廉的远距离多式联运网络，不仅有利于促进国际贸易的发展，也有利于我国的经济发展，带动沿线经济蓬勃向上，使物流运输成本得以明显节约，进而可以降低商品货物的总成本。目前来说，不同的货物运输线路、运输环境需求涉及运输方式的组合和衔接问题。多式联运的运输方案设计要结合运输需求和运输成本来综合衡量，做好运输过程中涉及的转运设备、场站设施、联运过程的综合管理。此外，运输信息与数据等基本要素标准化的实现对于提升运输效率也是必要的。联运企业的资源整合能力和协调能力直接影响到运输的畅通、物流的效率，因此，物流产业的对外投资和布局也需要关注到这方面的问题。

2. 物流成本偏高

"一带一路"建设在促进沿线贸易、增进多方合作共赢等方面起到了至关重要的作用。由于相关沿线节点之间的距离、跨境交易等问题，物流产业在这种多边贸易合作中也发挥了巨大的协同和沟通效果。而产业协作不充分、外贸机制衔接不力进一步导致沿线国家的跨境贸易发展受限、物流成本下降空间小。物流成本主要取决于物流基础设施的完善、多式联运的运输方式的衔接程度，另外还有设备的维护、人员的管理等。考虑到目前沿线物流产业的跨境业务拓展和服务的有效供给程度，物流成本可以看作是其与沿线物流设施协同发展的一大重点。

（四）结算障碍

1. 代收代付款风险

在实务中，考虑到银行异地汇款的手续费、异地交易双方信任度较低等因素，有时物流企业为了加强与客户之间的信任与合作、拓展其他业务利润来源，会选择为客户提供提前垫付货款、代收货款等类似服务。例如代付款业务，该业务的具体流程为物流企业在承接业务后于运输开始前先向售货方垫付货款，然后买方在收到货物时再向第三方物流企业支付货款。代收代付款业务通常可以缓解货物交易双方的资金周转压力，降低双方经营风险；但对物流企业本身也会产生资金的安全性风险，况且目前缺乏对物流企业代收代付业务的完善的相关法律制约和保护。在货物的运送中，难免会出现一些毁损遗失现象，轻则交货收款时难以足额收款，重则延误对方工期和业务，涉嫌违约倒赔，造成双方重大经济损失。

2. 仓单质押风险

随着"一带一路"建设的顺利推进，物流企业在提供服务尤其是跨境服务过程中，不断拓展其业务范围，已经由提供传统的仓储、运输业务发展到同时经营仓储、运输、国际贸易结算、仓单质押、监管等多方面业务，在有助于增加其业务量以及获得更多的利润来源的同时，产业发展也得到了有益进步，增强了产业整体综合实力和竞争力。当然，在业务扩张的战略中，也需要对随着业务范围增加而来的结算和质押风险保持警惕。这不仅要考虑到物流企业是否具备强大的资金数量和稳定合理的流动性，也要考虑企业现有的对客户的信用评估体系是否健全和合理。由于跨境业务涉及的沿线各国不同的政策、法律、结算等规定，物流企业在开展保兑仓等仓单质押业务面临着复杂的挑战，如果物流企业内部的风险预警和风险管理不到位，风控机制不健全，则难以维持该项业务的长久稳定开展，甚至会产生较为严重的危机，进而损害到物流企业整体的经营和存续。

3. 支付方式的便捷性、安全性问题

"一带一路"沿线国家在信息技术发展和支付方式上存在着一定的差距，各自习惯的支付方式也不同，在进行跨境贸易结算时，贸易双方的结算方式未必能完全一致。物流企业作为货物运输服务的提供者，有时需要对双方均进行支付转账，因此单一的支付方式不便于节约成本和交易时间。常用的信用卡支付由于接入方式不便、手续费较高、收汇款延期以及预存保证金等问题给大量沿线企业在贸易往来中带来不便；一些现有的移动支付方式可能存在知名度不高、可靠性不强、买卖双方交易过程中权利义务不平衡等问题，致使其用户使用率不高、体验满意度不强。物流企业沿线跨境业务结算中存在以下典型问题：跨境交易支付流程烦琐，银行手续费过高；企业运输过程中及后续报税流程复杂，周期较长；跨境交易离岸账户管控严格，进出款难度加大等。高效、安全、便捷的支付方式不仅能够促进沿线各国间跨境贸易的成功开展，也便于提升"一带一路"沿线整体的信息化水平和合作效率。因此，结算过程中的支付方式问题有待妥善解决。

另外，"一带一路"沿线，区域广阔、政治形态、宗教文化等方面存在差异，使得各国政治互信门槛抬升，并对"一带一路"的物流产业和基础设施的协调发展产生不利影响。根据商务部的数据，中国在 2021 年的海外投资总额为 1 451.9 亿美元。正确处理不同国家法律之间的关系，可以有效缓解投资风险与跨国商事纠纷。建议相关的立法部门和行政法规规定部门在现有的对物流产业实行的法律法规基础之上，针对当前"一带一路"沿线国家贸易所存在的问题进行适当的修改，对于"一带一路"沿线国家之间的投资政策与法律进行深入研究，结合本国的国情，针对当前的投资风险与跨国商事纠纷制定更好的解决方案。

三、推进物流基础设施与产业协同发展的对策建议

我国在倾力打造"一带一路"物流通道和物流节点的同时，应重视物流等产业的跟进和布局。在重要的国际港口、铁路枢纽车站和核心航空港附近建立物流园区、产业园区、快递中转配送中心、跨境电商海外仓储区；国内的航运、航空、货代公司力争及时进驻并开展运营，充分做到"设施联通"和"经贸畅通"。

（一）放宽市场准入规则　深化政策和资金扶持

鼓励引导沿线国家和地区以及全球范围内拥有合作意愿的企业参与到与我国商贸物流企业的合作中来，重视质量和过程监督；在不违背原则和法律法规前提之下，可适当分阶段分层次逐步放宽市场准入限制，允许资本进入国内市场。各节点城市在融入"一带一路"战略时，应该摒弃地区思维，在寻求国际间合作的同时，加强地区之间的合作，各省市之间协调发展，逐步推进推动各个地区区域物流合作、区域经济一体化的发展。

在与沿线国家合作贸易时，应主动加深对当地文化与政策的了解，针对不同的国家采取不同的模式，有针对性地开展合作；进一步完善与物流相关的法律法规，制定改善税收、园区建设、交通运输管理等有利于我国物流行业发展的具体政策；用好我国对于"一带一路"所提出的专项政策，积极投身信息化建设，落实农村物流业的建设发展，形成城市物流到农村物流的有效辐射。建议国家和地区设立定向扶持资金，对于一些前瞻性项目，政府除给予相关的政策支持外，还应给予一定的资金支持，通过这些项目带动相关产业的发展。

（二）推进物流设施标准化和多式联运发展降低综合物流成本

在物流产业参与沿线地区的投资建设时，要注意协调好与当地政府政策、本土物流企业的互联互通，尽量达成合作共赢的预期。自贸区、港口、航空港等周边的物流集聚区，对于其物流设施要尽可能遵守国际通用的规定，设备要按照统一的参数进行设置和管理，这样有利于货物进出库和物流运输环节的顺畅进行。

根据目前联运装备的匹配性来看，公路设施装备应能适应铁路、船舶的多样化运输方式，而飞行集装设备则应能适应道路运输。可以考虑建设区域

性物流基地，如物流园区、仓储基地等，加强联运设施设备的更新和升级，尤其要改善集装箱等联运设备的共用性，实现多种运输方式的有效互联，建立综合性较强的多式联运枢纽。在发展多式联运过程中，要完善"一带一路"沿线现有的物流基础设施的布局设计和规划对接，必要的时候也要建设更具优势的物流运输通道和枢纽，实现与沿线以及国际物流运输网络的联通与对接，促进"一带一路"沿线国家更高效地融入全球化发展格局。建立合理和完善的信息平台对于增强多式联运运营过程中的资源管理和优化有很大助益，物流产业应加强与港口、自贸区、航空港的联通和合作，建设多式联运所需的安全高效的信息平台和货物监测平台，使用大数据、人工智能等先进技术实现相关数据的有效挖掘和管理，推动不同部门及企业间多式联运信息平台的开放共享，从而有效地实现联运信息的获取成本的降低，提高货物运输的安全性和可监测性。

由于跨境贸易的通关费用是计入物流成本的，大力推动自贸区、航空港等项目落地，加强透明度，可以有效地降低国际货运的通关成本和物流费用。

（三）打造高效、安全的支付平台，降低代收代付款风险

"一带一路"沿线各地要加强合作，注重金融开放的实施，共建共享安全性高、稳定性强的移动支付方式。物流企业应该尽量选择手续简单、资金划转限制少、汇款费用低、支持移动支付的支付方式，这样不仅可以提高结算效率，降低汇款时间，也能够通过沿线一致可接受的支付方式更加顺利地拓展业务。

物流企业开展代收代付业务，首先应该先从内部业务程序抓起。业务开展前，尽职地审核合同文件，对于交易单据要核实，确保合规并妥善保管；货到付款的业务中应该要求客户提供合理的保证金或者担保物，对相应的货物损毁补偿条款进行明确说明。业务完成后，严格按照合同约定进行交货收款，并及时核实问题、改进问题。加强企业内部的运营管理、监督机制，加强对企业内部人员尤其是高管的内部监察；善于运用信息化手段和自动化工具，设立专门账户管理，对账款进行妥善出账入账。其次，鼓励使用便捷性和安全性高的移动支付等方式收付款，避免大额现金的存取和管理。沿线各国政府应该加强对物流企业开展的该类业务的政策规范，促进其经营流程的规范化、合法化，为多方提供较为权威的纠纷解决渠道和权益保护制度。最

后，物流企业代收代付业务的开展作为一项增值服务，体现了现代物流行业灵活多样的经营方式。政府应当采取相应的监督和管理，鼓励交易双方和物流企业做到重信守诺。

（四）以共建产业园区为抓手，促进我国优势产业集聚发展

在"一带一路"物流通道的关键节点建设境外合作园区正在成为我国实现产业结构调整和全球产业布局的重要承接平台，这不仅有助于更好地落实"一带一路"倡议，更是国际产能合作的重要载体。

2014年以来，我国一直非常重视海外工业园区建设。从全球贸易和投资的角度来看，境外产业园区建设是推进"一带一路"等重大经济和外交战略的重要抓手，已成为中国向"一带一路"国家经济发展和命运共同体建设贡献中国智慧、中国方案的重要组成部分。

我国优势产业和有实力的企业要抓住有利时机，积极与我国"一带一路"建设企业协同发展，在重要物流节点建设产业园区，推动优势产业聚集发展。目前中国在"一带一路"沿线建立了白俄罗斯的中白工业园、吉布提的中非自贸区、埃及的泰达苏伊士经贸合作区、泰国的中泰罗勇工业园、缅甸的皎漂港、马来西亚的马中关丹产业园、柬埔寨的西哈努克经济特区、越南的龙江工业园、斯里兰卡的科伦坡汉班托塔港口城等著名的产业园区，对推动物流业、跨境电商、加工贸易和制造业发展发挥了至关重要的作用。

第九章 "一带一路"物流体系
优化路径及发展前景展望

　　自"一带一路"倡议提出以来，我国与周边沿线国家的联系日益紧密。首先，海上交通得到了进一步加强和优化。在"一带一路"倡议的实施过程中，我国更加注重优化全球港口间的布局，促进港口间的合作，开辟了许多新航线，同时促进了沿线国家海运贸易的发展。其次，大力推进陆上交通的发展，其中的中欧班列全球物流合作成就显著。中欧班列创造性地开拓了我国向西的对外开放格局。最后，中国与全球的航空货物运输发展也非常迅速。当今社会物流行业通过公路、铁路、航运、班轮等运输方式将各个物流节点连接起来，使"一带一路"沿线地区和国家的物流连接呈现出一种立体化、多通道的新的发展格局。

　　在目前全球百年未有之大变局背景下，外部经济发展与外部需求不确定性增强。"一带一路"沿线的经济体需要有相对稳定和顺畅的经济运行环境和基础。特别是中美贸易摩擦以来，在对接全球市场，加快"一带一路"建设的过程中，面临着一系列新挑战。以往中国在对接全球市场时，大量利用了全球的交通运输和物流企业资源，在对接全球的航空物流方面，大量依赖国际航空公司和国际客运航班。我国专用于航空货运的飞机少，航空物流运力也明显不足。虽然我国在海运集装箱运输方面具有非常重要的全球领先优势，但是在大宗商品散货方面的运输，仍需要大量借助全球运力资源（其中能源运输主要依靠全球的运力提供支撑）。

　　在2021年召开的第三届"一带一路"会议上，习近平总书记就"取得高质量建设"问题作出了重要论述。会议强调，由于"一带一路"建设是一项系统工程，因此需要多方共同努力来取得实实在在的成效。在夯实基础的同时拓展合作新领域，取得更高水平的合作，进而取得新成效。要实现"一带一路"倡议的高质量发展，需要进一步完善"一带一路"物流体系，优化物流体系发展路径，为"一带一路"建设铺路架桥。

一、"一带一路"物流体系优化原则和路径

(一)"一带一路"物流体系优化原则

"一带一路"倡议是一项空间和时间跨度都很宏大的区域经济合作发展构想,作为其基础性先行工程和前期建设重点的物流基础设施项目,必将在海、陆、空、网、地下等多维度,欧亚非等各大洲多点开花,并行推进,逐步形成立体化物流体系。随着时间推移,该物流体系的覆盖面会越来越大,功能会越来越完善。整体上看,"一带一路"物流体系建设是一项具有渐进性、动态性、长期性特征的系统工程。

目前,海运、空运、陆运和管道运输等物流方式的服务节点和网络不断延展,物流网络和体系已初步形成,但目前的物流体系整体上的协同水平和服务能力还有很大的改进空间,需要持续不断地推进物流体系的完善和优化。

推进"一带一路"物流体系优化的过程中,应贯彻以下原则。

1. 构建以中国为核心节点的物流体系

"一带一路"倡议是我国提出的国际合作发展倡议,我国很重视"一带一路"倡议和很多沿线国家发展倡议的协调和对接。由于经济实力和基础设施建设能力存在重大差别,我国在"一带一路"物流体系建设中居于重要地位,发挥了投资主体和建设主体的关键作用。我国在国外投资或承建物流设施项目的时候,应重视和我国"一带一路"建设目标相协调,重视相关建设项目能优先为我国和东道国的经贸合作服务,能有助于我国海外物流服务体系的完善和健全,尤其要避免投资或承建的项目成为敌对势力遏制或削弱我国经贸竞争力或国际影响力的工具。

2. 应优先考虑保障我国战略物资的供应安全

"一带一路"物流设施往往投资巨大,在作出投资和建设决策时,要考虑到我国的战略安全和投资收益。我国虽然有着相对便利的连通世界各主要经济体的物流网络,但我国90%的外贸货物运输依赖海运,而国际上的海运咽喉要道多数受到西方国家的控制,如美国在新加坡有军事基地控制马六甲海峡,英国控制直布罗陀海峡,美国通过盟友体系对苏伊士运河、巴拿马运河和霍尔木兹海峡也有很强的掌控能力,在中美战略博弈越来越激烈的背景之下,我国的海运安全面临严重挑战。我国非常重视规避和分散海运过度集

中的风险，重点建设了中巴经济走廊、中缅经济走廊和亚欧大陆桥通道，但从现实看，西方国家的干预导致相关国家政局动荡甚至是政府更迭，可能会使我们的努力毁于一旦，因此未来物流通道建设应优先考虑和我国政治关系可靠的国家，并且尽可能做到物流通道多元化、立体化，确保关键时候能发挥关键作用。

3. 构建立体化、多元化的物流体系

"一带一路"物流体系包括以海洋运输、铁路运输、航空运输、管道运输、公路运输为基础方式的运输体系，在此基础上根据需要组合成各类便捷的多式联运；要积极发展冷链物流、高铁物流、跨境电商物流、国际邮政运输和各类国际快递，形成相互支撑、相互可适度替代的弹性高效的物流体系。从物流线路和通道来看，要尽量构建多条有相互竞争性和替代性的物流线路，防止物流通道过度集中，避免一旦被切断就陷入困境的风险。物流通道多元化也可以降低对个别国家的依赖，防止其卡脖子或漫天要价。从完善物流通道角度看，未来应重视打通第三亚欧大陆桥并拓展联通非洲大陆的物流通道，在推动中国—东南亚陆上通道畅通的同时，在东北亚可以发出建设中朝韩日物流通道（泛东北亚铁路）的倡议，重点推进空中物流通道和地下管网物流通道建设。

4. 尽量以市场化方式合作共建相关物流设施

中国在投资或承建国外重大物流基础设施的时候，应尽量以市场化方式开展运作，争取让投资或承建项目列入相关国际金融机构支持的项目库，以公开投标方式承接相关项目建设；在建设和运营过程中也要按照国际通行的规则进行建设和运营，尽量做到公平透明。同时，在投标或建设相关项目时，应尽量联合其他国家，尤其是东道国的相关企业以及部分发达国家企业，各方共同投资、共同运营，形成尽可能广泛的利益共同体，既可以分散风险，也可以避免因中国一家垄断建设和经营，造成东道国政府或民众的担心或疑虑，降低项目的政治敏感性。

5. 健全物流体系的软硬件要素、功能要素和支撑性要素

优化"一带一路"物流体系，首先要优化战略性物流通道和物流节点。加强政策沟通，继续推进和完善我国在"一带一路"愿景战略规划中重点建设的六大经济走廊，以及在海上丝绸之路重点参与运营的皎漂港、瓜达尔港、比雷埃夫斯港等六大区域性枢纽港口等物流节点。其次要完善沿线物流仓储、集疏运场站、流通加工、区域配送、报关报检、物流信息服务等配套

设施和功能建设，推进国际物流便利化和国际贸易便利化，强化多式联运和中转设施建设，推动国际贸易"单一窗口"建设等信息化服务水平，配齐配强"一带一路"国际物流的各个功能环节。最后，要重视"一带一路"各主要物流通道和节点的经济腹地建设和协同发展，引导国内相关产业跟进投资，如引进相关的外向型加工制造业、银行保险业、跨境电商企业、快递物流企业、第三方支付结算企业，形成优势产业集聚发展，为物流设施提供货源和相关配套服务，协同推进贸易畅通。

(二)"一带一路"物流体系的优化路径

概括地说，"一带一路"物流体系的优化路径，第一个是宏观层面，即在政策沟通基础上推进区域一体化水平和组织程度，以上海合作组织、金砖国家集团为基础，重视亚投行和丝路基金等金融组织的引导作用，倡导、提出并推动"一带一路"合作组织或"一带一路"自贸区的谈判和对话，加强政治安全和经济贸易互信合作水平，在此基础上规划推进重点物流通道建设，连结重点对华友好国家，打造示范性"一带一路"物流大通道，让沿线国家在经贸发展和政治安全方面得到切实的利益。

第二个是微观层面，通过运筹学和优化理论运算，根据市场潜力和物流供求，优化主要物流通道的走向，主要物流节点的布局，并根据安全原则和利益最大化原则，动态调整物流线路和节点，更好地团结、服务和让利支持"一带一路"倡议的国家，避开、孤立对"一带一路"倡议有敌意的国家，从而确保"一带一路"物流网络整体上保持安全稳定。

第三个是操作和技术层面，要采取各种措施提升"一带一路"物流体系的运作效率，降低物流成本和风险。在硬件设施联通基础上，要积极利用大数据、云计算和区块链等现代技术推动相关国家的信息系统升级和对接，推动各国的国际贸易单一窗口建设和相互联通，推动单据标准化和关检执法互认，推动各国物流设施设备的标准化和跨区域流转使用，推动沿线各国贸易便利化和物流便利化。采取针对性措施消除或降低现实的物流障碍，如组建跨国物流运作集团，多国参股、共同运营，降低沿线各国的抵触情绪，全线路统筹优化资源，把一些成本内部化，培育有实力的多式联运经营人；针对轨距不统一带来的换装成本，可以在政策沟通基础上，在宽轨国家建设标准轨，或者在相互之间改造既有铁路为套轨铁路，相互对驶，开展直接过轨运输。

具体而言，不同的运输方式下，都有很大的物流设施优化和效率提升空间，下面分别做些初步探讨。

1. 海洋运输

海运从古至今都是跨国贸易物流流通的主要运输方式，港口更是连结海上丝绸之路的起点与终点。应从"软实力"到"硬设施"两方面，加快提升港口运作效率，实现高质量发展。

首先要从"软件"优化方面入手，保障"有形联通"和"无形连接"的功能同步。一方面，要在政策沟通的基础上，大力推进标准互认，建立统一高效的运输规则。专门对陆海贸易通道的耦合协调性进行评估和研究，全面推进货物"一网通办"，简化登记流程，将更多的时间和精力放在物流装卸转运的效率提升方面。另一方面，重视利用大数据、云计算、北斗导航定位和区块链技术，建立信息全面化、智能自动化的"一带一路"服务平台，实现物流信息的互联互通。同时以技术支撑为依托，实现"硬件+平台"一体化集成应用，为"一带一路"陆海贸易通道联动提供可靠的技术保障。

其次，以"硬件"建设为抓手，把"硬件"建设作为优化港口发展路径的重点任务，不断拓展通道规模，提高港口运输联动效率。加快推进国家重要门户港口和综合交通枢纽建设，提升与周边区域经济联系程度，增强区域经济辐射带动作用。加强枢纽港口基础设施互联互通，进一步完善口岸海、陆集散疏运体系，促进海陆联运快速高效运转。港口的建设发展离不开政府的大力支持与政策扶持，通过研究国际航运枢纽的成功经验，持续优化口岸通关环境，增强口岸的双向辐射能力，从而向内陆地区深度拓展"一带一路"沿线区域经济发展与贸易合作。

更重要的是，推动"港口+腹地"新发展模式成为推动陆海贸易通道的主动力。一是要加快推进开放型经济新体制建设，积极拓展国内外双向发展的开放新格局；二是要大力培育国际经贸合作区。三是要加强区域协调机制创新。"港航先行"成为我国沿海经济发达地区加快融入全球化进程、提升综合实力与竞争力的必由之路，同时也能为沿线国家提供"中国经验"。通过建立区域协调机制，加快打造"港口+腹地"陆海合作先进示范区，发挥港口的连接优势，将腹地打造成开放型经济新的供给枢纽和战略前沿。

2. 陆路运输

中欧班列是我们新通道建设中的一个非常重要的方向。经过近10年的开行之后，中欧班列现在开始进入向高质量发展的转型阶段。中欧班列以点对点的方式开行，即国内一个城市要对接欧洲或者中亚的一个城市，如郑州和德国杜伊斯堡、重庆和波兰华沙。应充分发挥中欧班列开行的集聚效应。几个重要的城市枢纽，如西安、成都、重庆、武汉和郑州等城市，在建设和运营中欧班列方面已领先于全国。随着中欧班列与欧亚大陆的重新连接，一些中亚城市也面临着成为过路站的风险，因为它们夹在交通和经济活动非常活跃的中国和西欧之间。如果物流枢纽仅发展狭窄走廊沿线的点对点货运运输，它们可能会慢慢退化为线性过路站。突破的办法是打破现有的全球城市层级，在城市垂直体系中发展水平货物流动，从而产生更广泛的区域溢出效应。因此，未来我们将推动"点对点"向"枢纽对枢纽"的转变，通过枢纽的发展来集成全国的货物，通过有效的集成货物来实现高效率的运输，提高班列的运行质量。同时在欧洲方面，与一些关键的枢纽城市对接，利用当地的物流和配送网络，实现中国货物的有效分拨，同时也能更好的积聚和集成回程货物，实现中欧班列东西向开行的货量平衡。

由于铁路运输具有比公路运输装货能力强、运输速度快、成本低等特点，且运输同样重量的货物时比海洋运输节省一半的时间，因此铁路运输在"一带一路"建设中是综合评价较高的方式。在铁路物流中，物流基地的选择设计格外重要，合理的铁路基地布局有助于与公路、海港及空港物流区互联互通，从而保证物流的运输效率。

公路运输是"一带一路"倡议运输中常用的运输方式，然而，公路运输相对于铁路运输成本较高，因此通常运输距离较短的小型货物。公路运输货车的类型应有所改善，如选用大型货车替代小型货车；且应注重公路运输的效率和服务质量，如增强对公路运输操作人员专业知识与技能的培训，增强其综合素质，积极运用网络安全信息共享平台来保证公路运输的高效率。在基础设施的建设和维护方面，政府应加大对公路的资金投入，保证基本的基础设施的完善；应制定完善的法律法规切实维护公路运输行业的规范化运营，进而有效促进一带一路地区的公路运输向科学化和创新化发展。

3. 航空运输和管道运输

多年以来中国的航空货运市场在国际上占有一定的地位，且在未来仍有不断向好的发展趋势，而在中国企业持续不断地向国际化发展的进程中，无疑也会对国内的物流企业产生积极影响，使得整个物流运作过程向效率化、高质量服务发展。为使企业加速转变成综合性物流企业，需要世界上所有"一带一路"沿线国家和地区的航空物流体系来对此进行支撑。由于航运的成本比较高,所以适用此方式进行运输的货物种类大多为轻型且价值相对较高的产品。

目前来看,大多数航空物流提供的服务只是从机场到机场的货物转移,只有一小部分航空公司开展了从点到点的货运运输服务。由于现在人们对物流的各个环节要求较高,因此物流的各个环节必须是互联互通的。可以将揽货、仓储、装箱以及最终的配送等环节结合起来,同时将航线运输与陆路运输、海路运输方式结合起来,实现更专业、更有效率的物流服务。

近年来,地下管道的物流系统使用也更广泛。由于地下物流系统具有传输时间短、准确性高的特点,且不受城市交通拥堵的影响,因此成为"一带一路"沿线国家的必要选择。由于受到地缘冲突等事件的影响,国际油价大幅波动,同时与地方炼油行业整顿、"双碳"目标引领国内能源加快转型、北方地区清洁取暖持续推进等多重因素叠加影响,中国石油市场增长减速,天然气消费市场超预期增长,并有进一步增长的趋势。地下管道物流系统的优化应主要体现在如下几个方面:一是以中亚—俄罗斯、中东等地区为重点,高质量持续推进天然气、铀、石油等能源矿产合作;二是以"一带一路"沿线国家发展为重点,在巩固亚太合作的同时冲出中东和中亚,拓展非洲、南美市场,探索北极资源合作;三是积极参与全球能源治理,坚持互利共赢,形成利益共同体,逐步构建多点、多元、多渠道境外能源供应格局。

4. 跨境电商物流

近年来,电子商务行业快速兴起,便利性高且跨国流通性强的跨境电商行业得到了迅猛的增长,在"一带一路"战略布局中占据着不可或缺的地位。同时,跨境电商需要同物流产业实现高度的配合,才能发挥出更大的作用。

跨境电商体系的完善可以从三个方面考虑,即基地布局、基础设施建设以及信息技术水平的完善。在基地布局方面,应重点考虑对海外建仓的优化。由于海外建仓需要大量的劳动力、物力、财力,因此在建设过程中要事先进行实地调研,充分考虑当地的政策背景和文化背景。基础设施方面则需要长期规划,应持续投入资金和技术,完善公路、铁路、机场、港口、班列等设施,实现跨境电商的深度发展。在与物流配合的过程中,可以通过建立OMS 和 WMS 系统平台来提升物流信息技术水平,从而使跨境电商转向高端化和专业化。

5. 物流节点

在"一带一路"物流体系中,区域性枢纽物流节点发挥着重要的集货、中转、配送和流通加工功能,是组织多式联运的枢纽中心,发挥着关键作用。因此,对关键枢纽节点,要配齐配强转运、仓储、流通加工和配送设施设备,并且要配置报关报检、保险、结算服务设施,强化物流信息处理设施和能力,重视该物流节点的物流设施和物流产业协同发展,重视物流产业和相关制造业和国际贸易的协同发展,通过区域性物流节点建设,带动国内的相关产业走出去,带动跨境电子商务和快递产业走出去,引导各类物流园区和产业园区聚集发展。

在"一带一路"物流节点上,由于受到新冠疫情以及经济逆全球化的影响,全球的产业布局都在进行调整,节点城市也面临功能和层次的调整与转化。由于经济全球化仍然是主流,多边主义的贸易模式仍然是潮流,全球物资运输量仍然持续增长,因此节点城市应注重供给能力,优化供给结构,重视对基础设施的构建,通过与陆路运输、水路运输、空中运输互联互通,同时大力发展多式联运,突破构建高效率的集散系统,打通运输的"最后一千米"服务。

国际物流园区在当前已成为有效衔接经济国内外双循环的实体枢纽。要推进国际物流园区转向数据化、网格化、专业化,充分发挥国际物流园区集各种运输方式为一体集成优势,推动高质量、高效率的物流基础设施建设。为了真正实现国际物流园区的信息流、商品流、物流、资金流实现"四流合一",必须对关键基础设置更新迭代,形成一个智能化、自动化系统。以"一带一路"国际物流园区为核心区,加密拓展陆地、海洋和海陆空集合运输的网络体系,建立起特色鲜明、高效便捷的多式联运新模式。要大力推进国际物流园区智慧化建设,加强信息共享平台建设、提升园区智能化水平、建立统一的数据标准体系。重视园区优化运营模式,打造数字化服务新生态。以国际物流园区为依托,创新商业模式,提高经济效益。从园区建设角度出发,结合智慧化、智能化等新科技手段提升园区运营效率和质量。

二、"一带一路"物流体系发展前景展望

"一带一路"倡议是一条共赢之路。"一带一路"沿线国家与中国之间交通物流的建设是5个主要建设任务之一。近年来,随着各国间交往的不断加深,交通运输业发展迅速并在不断完善。自倡议提出以来,我们以"六廊

六路"为原则，以新亚欧大陆桥为首，以中欧班列、信息走廊等陆海通道
为骨干，以铁路、港口、管网等支撑网络，不断完善陆、海、空、网"四位
一体"的空间布局。以中欧班列为例，中欧班列平台诚挚地与"一带一路"
沿线国家联手，共创新发展时代，开启全球物流通道建设的发展新征程。班
列平台公司通过设立联运部，建立统一协调机构；加强与海关合作，完善通
关便利化措施；开展联合物流服务，提升服务质量水平；强化科技支撑作
用，推动智能口岸建设。利用货物提单的金融属性，促进创新金融+、"贸
易+"等金融领域发展，加工中转、集散分拨、"一单制"等方式使中欧班
列提速前进，助推国内国际运输通道"双循环"发展新格局。

当前"一带一路"物流体系建设面临着复杂的形势，既面临着有利的
因素，也面临着众多制约因素。随着"一带一路"倡议的持续推进，越来
越多的国家认识到"一带一路"是"友谊的纽带，合作的桥梁"，对各国的
基础设施改善和经济发展发挥了积极的作用，对"一带一路"倡议的性质
和作用持积极肯定看法的国家越来越多，受到了发展中国家的广泛重视。
"一带一路"的合作之路也越走越宽，逐步拓展到整个非洲大洋洲和拉丁美
洲。"一带一路"物流体系下我国联通沿线各国的海运航线、中欧班列线
路、航空航线和油气管道越来越多，我国和沿线国家的贸易和投资活动稳步
增长，成为支撑我国经济增长的重要海外市场。

但不容忽视的是，以美国为首的西方国家对我国"一带一路"倡议长
期持否定和抵制态度，通过各种方式阻断或破坏"一带一路"的重要物流
通道和枢纽物流节点，严重影响"一带一路"物流通道的畅通和建设进程。
而部分国家则可能成为美国遏制中国的马前卒，会对"一带一路"物流体
系建设造成重大的破坏和阻碍。这都需要我国未雨绸缪，加强沟通和互利合
作，争取周边国家的支持，稳定物流通道建设和运营。

未来"一带一路"物流体系建设重点，除了需要继续提升中欧班列等
陆上运输主通道的同时，要进一步加快油气管道建设，大力推进空中丝绸之
路建设。应充分发挥我国的高铁技术优势，打造一两条示范性跨国高铁物流
通道，以此为依托开展冷链物流、跨境电商货物和高价值货物快速运输。疫
情期间让人眼前一亮的措施是丝绸之路电子商务在"一带一路"沿线国家
持续深化，电子商务领域合作、跨境电商迎来新一轮增长机遇。截至 2020
年 3 月 31 日，我国已累计与 140 个国家和地区建立了商贸往来关系，跨境
贸易规模持续增长，市场容量将不断扩大，"一带一路"建设将不断深化，

朋友圈和交流合作将不断扩大，相关技术创新也将推动"一带一路"商业模式不断创新。

"一带一路"物流体系未来建设的另一个重点是培育有国际资源调配能力的市场主体，主要是指合格的国际多式联运经营人，在特定的运输领域或运输线路上形成具有支配性地位的运营商，从而可以统筹优化运输线路、运输工具衔接配合，全程负责相关的货物交接、边境交接和转运事宜，从整体上优化业务流程降低综合成本。此外，"一带一路"物流体系未来建设应高度重视不同运输方式之间的协同发展，培育高效的多式联运系统，重视物流系统和物流产业、产业园区的系统发展，重视设施联通和贸易畅通、资金融通的协同发展，从整体上提升"一带一路"物流体系的功能和效率。

展望未来，应充分发挥"一带一路"物流体系的作用，建立起政治互信，增强沿线国家对发展"一带一路"信心。从中长期而言，要在夯实已有"一带一路"合作的基础上拓展新的合作，就沿线国家的利益关切挖掘新的深层次合作潜力。通过实施绩效评估、风险评估和前景评估等巩固和优化已有项目，争取打造一批"一带一路"发展合作的旗舰项目，形成示范带动效应。从远期来看，高质量共建"一带一路"要实现其在引领全球增长和全球发展治理中的独特作用，为提升全球增长动力和实现良好的增长绩效提供新的实践平台。

参考文献

［1］白宇 . 十载砥砺奋进共架友谊金桥［N］. 中国电力报，2020-06-20.

［2］白羽，李富兵，王宗礼，等 . 2020年我国天然气供需形势分析及前景展望［J］. 中国矿业，2021，30（03）：1-7.

［3］曾向红 . "一带一路"的地缘政治想象与地区合作［J］. 世界经济与政治，2016（01）：46-71，157-158.

［4］车国彩 . "一带一路"战略下广州港港口物流发展分析［J］. 中国商论，2017（11）：46-47.

［5］陈杰 . "一带一路"框架下的战略对接研究［J］. 国际观察，2019（05）：26-51.

［6］陈楠枰 . 推进"一带一路"交通基础设施互联互通 当"大写意"转向了"工笔画"［J］. 交通建设与管理，2019（02）：26-29.

［7］陈淑梅 . "一带一路"引领国际自贸区发展之战略思考［J］. 国际贸易，2015（12）：48-51.

［8］陈文玲，梅冠群 . "一带一路"物流体系的整体架构与建设方案［J］. 经济纵横，2016（10）：19-26.

［9］陈晓玥 . 福建区域经济与区域物流关系的协整分析［J］. 商业时代，2009（05）：26-27.

［10］陈云东，樊帅 . "一带一路"基础设施投资制度供给问题与优化路径［J］. 印度洋经济体研究，2022（01）：126-151+156.

［11］池永明 . 中欧班列发展的困境与出路［J］. 国际经济合作，2016（12）：60-65.

［12］本刊编辑部 . 搭平台促交流助力航空服务贸易水平提升［J］. 空运商务，2021（09）：6-8.

［13］董晓珺 . 数字解读"一带一路"沿线国家快递业发展［J］. 中国物流与采购，2018（19）：68-69.

［14］杜浩，周昱彤，匡海波，等 . 基于三阶段超效率DEA的港口运行

效率研究［J］. 技术经济，2021，40（07）：22-35.

［15］冯保国. 关于深化中缅油气合作的思考［J］. 北京石油管理干部学院学报，2020，27（04）：61-64，75.

［16］高倜鹏，刘翠莲，袁博. 基于三阶段 DEA 模型的"一带一路"中国主要沿海港口效率评价［J］. 上海海事大学学报，2020，41（03）：82-88.

［17］韩剑，闫芸，王灿. 中国与"一带一路"国家自贸区网络体系构建和规则机制研究［J］. 国际贸易，2017（07）：16-23.

［18］何行，王彪. "一带一路"背景下中国国际航空货运发展现状分析［J］. 空运商务，2021（12）：6-10.

［19］何茂春，田斌. "一带一路"的先行先试：加快中蒙俄经济走廊建设［J］. 国际贸易，2016（12）：59-63.

［20］何茂春，张冀兵，张雅芃，等. "一带一路"战略面临的障碍与对策［J］. 新疆师范大学学报（哲学社会科学版），2015，36（03）：36-45+2.

［21］何小洲，刘丹. 电子商务视角下的农产品流通效率［J］. 西北农林科技大学学报（社会科学版），2018，18（01）：58-65.

［22］侯梦薇，万月，孙铭壕. "一带一路"倡议下中国区域经济合作研究：基于贸易摩擦视角［J］. 商业经济研究，2019（05）：122-125.

［23］胡必亮. 以共建"一带一路"促高质量共同发展［EB/OL］.（2022-04-04）［2022-4-18］. https：//www. yidaiyilu. gov. cn/xwzx/gnxw/232867. htm.

［24］黄寒. "一带一路"倡议对国际物流的影响分析［J］. 商业经济研究，2017（23）：90-92.

［25］黄森，吕小明. "渝新欧"沿线国家交通物流效率测算及比较研究［J］. 当代经济，2019（04）：20-23.

［26］黄伟新，龚新蜀. 丝绸之路经济带国际物流绩效对中国机电产品出口影响的实证分析［J］. 国际贸易问题，2014（10）：56-66.

［27］黄一玲. "'一带一路'投资风险与法律对策"国际论坛综述［J］. 国外社会科学，2020（01）：155-159.

［28］姜建平. PPP 模式与 BOT 模式融资方式比较分析［J］. 山东交通科技，2006（04）：100-101，104.

[29] 矫健, 聂雁蓉, 张仙梅, 等. 加快推进都市农业高质量发展对策研究: 基于成都市对标评价 [J]. 中国农业资源与区划, 2020, 41 (07): 201-206.

[30] 金钢, 黎鹏. "一带一路"背景下深化中印经贸合作的动力基础与障碍分析 [J]. 对外经贸实务, 2018 (06): 25-28.

[31] 康晓玲, 宁婧. 丝绸之路经济带国际物流绩效对中国农产品出口影响的实证分析 [J]. 西北大学学报 (哲学社会科学版), 2016 (05): 126-131.

[32] 赖炳超. 泉州港港口定位及发展策略探析 [J]. 福建交通科技, 2021 (05): 118-121.

[33] 兰筱琳, 兰国政. "一带一路"陆海贸易通道耦合协调性评价研究 [J]. 中国科学院院刊, 2021, 36 (11): 1359-1370.

[34] 乐国友, 唐慧. "一带一路"背景下中国—中南半岛国际经济走廊陆路互联互通建设探讨 [J]. 物流技术, 2019, 38 (06): 1-6.

[35] 李晨阳, 孟姿君, 罗圣荣. "一带一路"框架下的中缅经济走廊建设: 主要内容、面临挑战与推进路径 [J]. 南亚研究, 2019 (04): 112-133, 157-158.

[36] 李晨阳, 孟姿君, 罗圣荣. "一带一路"框架下的中缅经济走廊建设: 主要内容、面临挑战与推进路径 [J]. 南亚研究, 2019 (04): 112-133, 157-158.

[37] 李辉民. 第三亚欧大陆桥的构建、前景与机遇 [J]. 中国远洋航务, 2008 (07): 58-59.

[38] 李佳峰. "一带一路"战略下中欧班列优化对策研究 [J]. 铁道运输与经济, 2016, 38 (05): 41-45.

[39] 李兰冰, 刘军, 李春辉. 两岸三地主要沿海港口动态效率评价: 基于 DEA - Malmquist 全要素生产率指数 [J]. 软科学, 2011, 25 (05): 80-84.

[40] 李巍. "一带一路"下我国物流发展对区域经济的影响 [J]. 改革与战略, 2017, 33 (06): 132-134.

[41] 李晓丽, 吴威, 刘玮辰. 基于国际公路运输链的"一带一路"区域公路通达性分析 [J]. 地理研究, 2020, 39 (11): 2552-2567.

[42] 李鑫, 程元栋. 基于 DEA 的皖江城市带物流系统效率评价 [J]. 城市学刊, 2019, 40 (05): 49-55.

［43］李亚洲．参与共建带来的好处实实在在［N］．法制日报，2019-04-15.

［44］梁萌，李俊霞，徐文凯，等．哈萨克斯坦油气储运系统与过境运输启示［J］．油气储运，2022，41（02）：121-134.

［45］廖石云，肖彦，刘章胜．"一带一路"基础设施 PPP 项目面临风险与对策［J］．建筑经济，2019（11）：9-13.

［46］林德萍．"一带一路"战略对国际轻、重型商品物流成本下降的影响分析［J］．对外经贸实务，2015（10）：90-92.

［47］林民旺．印度对"一带一路"的认知及中国的政策选择［J］．世界经济与政治，2015（05）：42-57，157-158.

［48］林青．国际物流对国际贸易的促进机制研究：基于贸易成本的视角［J］．现代商贸工业，2009，21（9）：94-95.

［49］刘崇献．"一带一路"物流建设障碍及其对策探讨［J］．现代经济探讨，2016（01）：84-87.

［50］刘洪钟，刘子宪，卢海峰．完善金融服务体系助力"一带一路"建设［J］．征信，2019，37（07）：66-70.

［51］刘珈琪．基于 PPP 模式的"一带一路"融资模式理论分析［J］．现代管理科学，2019（05）：35-37+62.

［52］刘明菲，李兰．区域物流与区域经济互动作用机理分析［J］．工业技术经济，2007（3）：40-42.

［53］刘向阳．中巴经济走廊建设的新进展及制约因素［J］．东南亚南亚研究，2017（04）：41-47，107.

［54］刘小军，张滨．我国与"一带一路"沿线国家跨境电商物流的协作发展［J］．中国流通经济，2016，30（05）：115-120.

［55］刘晓伟．"一带一路"倡议下次区域合作机制化限度研究：以"孟中印缅经济走廊"为例［J］．南亚研究，2019（01）：101-116，148-149.

［56］刘旭，谢泗薪．"一带一路"沿线国际物流园区的战略评价与发展构想：基于后疫情时代"双循环"视角［J］．价格月刊，2021（03）：59-71.

［57］刘旭，谢泗薪．"一带一路"沿线国际物流园区的战略评价与发展构想：基于后疫情时代"双循环"视角［J］．价格月刊，2021

（03）：59-71.

[58] 刘一沛．"一带一路"背景下我国跨境电商发展困境及策略研究
[J]．生产力研究，2019（03）：92-96.

[59] 刘育红．"新丝绸之路"经济带交通基础设施投资与经济增长的
动态关系分析 [J]．统计与信息论坛，2012（10）：64-70.

[60] 罗开富．新亚欧大陆桥的历史作用与发展前景 [J]．大陆桥视
野，2008（01）：29-31.

[61] 罗雨泽，汪鸣，梅新育，等．"一带一路"建设的六个"点位"
改革传媒发行人、编辑总监王佳宁深度对话六位知名学者 [J]．改革，2015
（07）：5-27.

[62] 吕同舟．"一带一路"物流大通道凸显多式联运新格局 [J]．中
国远洋航务，2015（12）：18-19.

[63] 马斌．中欧班列的发展现状、问题与应对 [J]．国际问题研
究，2018（06）：72-86.

[64] 马建英．美国对中国"一带一路"倡议的认知与反应 [J]．世界
经济与政治，2015（10）：104-132.

[65] 马玉成，尹传忠．"一带一路"战略背景下我国港口物流发展的
策略研究 [J]．中国水运月刊，2015，15（7）：45-47.

[66] 马昀．"一带一路"建设中的风险管控问题 [J]．政治经济学评
论，2015，6（04）：189-203.

[67] 彭念．"一带一路"倡议下中国投资海外港口的风险分析及政策
建议 [J]．南亚研究，2019（03）：106-122，154-155.

[68] 曲宁．大连港建设区域性国际航运中心问题研究 [D]．大连：大
连海事大学，2001.

[69] 张斌．陕西首条第五航权航线首航 [J]．空运商务，2019（05）：12.

[70] 单玮，武剑红．新亚欧大陆桥对新疆货物贸易影响的研究 [J]．
铁道经济研究，2016（04）：9-13，24.

[71] 商务部：2021 年中国"一带一路"贸易投资发展报告 [EB/
OL]．（2021-11-19）[2021-11-19]．https：//www.aisoutu.com/a/1032781.

[72] 深度解析："一带一路"设施联通成果丰硕收获满满 [EB/OL]．
（2019-04-18）[2019-04-18]．https：//www.wang1314.com/doc/topic-
20972822-1.html.

［73］沈梦溪 . "一带一路"基础设施建设的资金瓶颈和应对之策［J］.国际贸易，2016（11）：33-37.

［74］沈铭辉，张中元 . "一带一路"融资机制的实践探索与创新［J］.新视野，2018（05）：27-34.

［75］盛斌，黎峰 . "一带一路"倡议的国际政治经济分析［J］.南开学报（哲学社会科学版），2016（01）：52-64.

［76］盛荣谱，张士杰 . 经济高质量发展背景下长三角城市创新效率水平测度研究［J］.长春理工大学学报（社会科学版），2022，35（01）：104-111.

［77］石天戈，时卉 . 基于网络 DEA 的中国省域水资源效率特征与影响因素分析［J］.生态经济，2022，38（7）：176-183.

［78］孙阿晨 . "一带一路"倡议下我国空中丝绸之路发展的前景及对策［J］.时代经贸，2020（16）：44-45.

［79］唐彦林，贡杨，韩佶 . 实施"一带一路"倡议面临的风险挑战及其治理研究综述［J］.当代世界与社会主义，2015（06）：139-145.

［80］滕建群 . 论大国竞争背景下美国对华海上博弈［J］.太平洋学报，2022，30（01）：92-100.

［81］田敏，石爱娣 . 三次产业协同带动的产业经济学机理研究：需求拉动和供给推动分析［J］.生态经济，2012（02）：106-109.

［82］佟家栋，鞠欣 . 拜登时期中美战略竞争态势、挑战与应对：基于双边经贸关系视角［J］.国际经济评论，2021（03）：102-120+6.

［83］汪鸣 . 国家三大战略与物流业发展机遇［J］.中国流通经济，2015，29（07）：5-9.

［84］王爱虎，房兴超，郭佳 . 广东省市域经济与区域物流体系协同发展研究［J］.工业工程，2014，17（01）：91-98.

［85］王东方，董千里，于立新 . "一带一路"沿线国家和地区物流绩效与中国对外贸易潜力［J］.中国流通经济，2018，32（02）：17-27.

［86］王娟娟，刘萍 . 区块链技术在"一带一路"区域物流领域的应用［J］.中国流通经济，2018，32（02）：57-65.

［87］王娟娟，秦炜 . 一带一路战略区电子商务新常态模式探索［J］.中国流通经济，2015（5）：46-54.

［88］王娟娟，郑浩然 . "一带一路"区域通关一体化建设问题研究：

基于跨境电商视角的分析［J］．北京工商大学学报（社会科学版），
2017，32（04）：57-65．

［89］王凌峰．"一带一路"发展战略给航空物流带来的机遇［J］．空
运商务，2015（6）：30-34．

［90］王平．自外于"一带一路"，台湾惨了！［N］．人民日报（海外
版），2017-05-18（04）．

［91］王琼．福建省物流业对进出口贸易影响的实证分析：基于协整分
析与误差修正模型［J］．福建农林大学学报（哲学社会科学版），2015，18
（04）：48-52，93．

［92］王秋彬．"一带一路"建设中的大国因素［J］．理论视野，2016
（11）：72-76．

［93］王微．完善沿线国家投资环境促进"一带一路"交通设施与物流
体系建设［J］．中国远洋航务，2016（8）：50-51．

［94］王文铭，高艳艳．"一带一路"内陆节点城市物流产业竞争力评
价及建议［J］．商业经济研究，2016（04）：92-93．

［95］王亚军．民心相通为"一带一路"固本强基［J］．行政管理改
革，2019（03）：12-17．

［96］王哲．中俄东线天然气管道工程开新局［J］．中国报道，2022
（03）：60-61．

［97］王之泰．"一带一路"，物流先行［J］．中国储运，2015
（5）：41．

［98］王之泰．丝绸之路经济带的物流畅想［J］．中国储运，2014
（8）：39．

［99］文富德，徐菲．试论印度在中国"一带一路"倡议中的地位和作
用［J］．南亚研究，2016（03）：106-123，159．

［100］肖祥鸿，宋炳良．基于DEA的国内沿海主要港口生产力的效率
分析［J］．生产力研究，2021（01）：54-58，136．

［101］谢泗薪，侯蒙．"一带一路"战略架构下基于国际竞争力的物流
发展模式创新［J］．中国流通经济，2015，29（08）：33-39．

［102］熊灵，徐俊俊．南向通道建设的"一带一路"联动效应：影响
与挑战［J］．边界与海洋研究，2019，4（01）：38-53．

［103］徐奇渊．"一带一路"沿线国家交通基础设施融资需求测算

［J］．开发性金融研究，2018（06）：8-16.

［104］许娇，陈坤铭，杨书菲，等．"一带一路"交通基础设施建设的国际经贸效应［J］．亚太经济，2016（03）：3-11.

［105］杨道玲，李祥丽．"一带一路"沿线国家信息化发展水平测评研究［J］．电子政务，2018（1）：10.

［106］杨涛．新形势下产融结合创新与发展［J］．中国金融，2020（12）：50-52.

［107］"一带一路"建设与中国国际物流新机遇［EB/OL］．（2019-04-18）［2019-04-18］．https：//www.sohu.com/a/308820579_100014673.

［108］尹响，易鑫．孟中印缅经济走廊陆海交通基础设施联通研究［J］．南亚研究季刊，2018（04）：38-46，5.

［109］於罕奇．基于协整分析的我国物流业与经济增长关系研究［J］．物流技术，2010，29（21）：49-51.

［110］于洪洋，欧德卡，巴殿君．试论"中蒙俄经济走廊"的基础与障碍［J］．东北亚论坛，2015，24（01）：96-106，128.

［111］于丽静，陈忠全．低碳视角下中国区域物流效率研究：基于SFA与PP的实证分析［J］．生态经济，2017，33（4）：43-48.

［112］袁佳．"一带一路"基础设施资金需求与投融资模式探究［J］．国际贸易，2016（05）：52-56.

［113］张滨，黄波，樊娉．"一带一路"背景下我国海陆联运建设与发展［J］．中国流通经济，2015（6）：96-102.

［114］张诚，于兆宇．经济增长与物流发展关系的实证研究：基于协整分析和状态空间模型［J］．科技管理研究，2012，32（06）：222-225.

［115］张红波，彭焱．现代物流与区域经济增长关系的实证研究［J］．工业工程与管理，2009，14（1）：122-126.

［116］张鸿健．国际贸易结算中物流金融面临的问题及对策［J］．物流技术，2017，36（03）：8-10，25.

［117］张纪美．向东是大海［N］．衢州日报，2017-04-07.

［118］张建勇，王梦雅，王欣然，等．基于DEA模型的天津港港口效率分析［J］．水运管理，2019，41（11）：16-18，25.

［119］张莉，姚津津，田峰，等．民航业落实"一带一路"战略的思考［J］．宏观经济管理，2016（05）：62-65.

［120］张良卫．"一带一路"战略下的国际贸易与国际物流协同分析：以广东省为例［J］．财经科学，2015（7）：81-88．

［121］张明．"一带一路"基础设施资金需求与投融资方式探究［J］．产业与科技论坛．2018：88-89．

［122］张锐．"一带一路"背景下我国多式联运标准体系建设［J］．物流技术，2020，39（05）：7-11，109．

［123］张文杰．区域经济发展与现代物流［J］．中国流通经济，2002（1）：3-4．

［124］张晓伟，胡志丁，何有麟，等．缅北冲突对"一带一路"在缅推进的影响机理［J］．世界地理研究，2018，27（02）：26-35．

［125］张璇，杨雪荣，王峰．新丝绸之路经济带物流效率评价：基于三阶段 DEA 实证分析［J］．学习与实践，2016（05）：21-32．

［126］张耀铭．中巴经济走廊建设：成果、风险与对策［J］．西北大学学报（哲学社会科学版），2019，49（04）：14-22．

［127］张永军．聚焦西部物流：谁将成为最大的增长点？［J］．西部大开发，2018（07）：58-65．

［128］张占仓，蔡建霞．建设郑州—卢森堡"空中丝绸之路"的战略优势与前景展望［J］．河南工业大学学报（社会科学版），2018，14（06）：40-48．

［129］赵爱玲．提升仲裁服务"一带一路"建设的能力［J］．中国对外贸易，2019（12）：19-21．

［130］赵光辉．畅通"一带一路"沿线国物流节点通道［N］．贵州日报，2018-10-16（017）．

［131］赵敏燕，董锁成，王喆，等．"一带一路"沿线国家安全形势评估及对策［J］．中国科学院院刊，2016，31（06）：689-696．

［132］赵明昊．大国竞争背景下美国对"一带一路"的制衡态势论析［J］．世界经济与政治，2018（12）：4-31，156．

［133］赵锡军．"一带一路"上的融资风险与应对思路［J］．金融市场研究，2019（07）：19-32．

［134］赵先进，王卫竹．共建"一带一路"背景下跨境电商物流协作发展研究［J］．价格理论与实践，2018（05）：159-162．

［135］郑文韬．基于 DEA-Malmquist 模型的"21 世纪海上丝绸之路"

沿线地区创新效率实证分析［J］．科技和产业．2019，19（10）：114-119．

［136］中国已与137个国家、30个国际组织签署197份"一带一路"合作文件［EB/OL］．（2019-11-15）［2019-11-15］．http：//www. gov. cn/xinwen/2019-11/15/content_ 5452490. htm.

［137］《中国"一带一路"贸易投资发展报告》［EB/OL］．（2019-04-27）［2019-04-27］．http：//news. sina. com. cn/c/2019-04-27/doc-ihvhiqax5333186. shtml.

［138］王卫星．"一带一路"战略面临的风险挑战及对策研究［J］．理论视野，2015（08）：58-64．

［139］钟峥．我国跨境电商物流模式存在的问题与对策［J］．商业经济研究，2018（05）：107-109．

［140］周方银．"一带一路"面临的风险挑战及其应对［J］．国际观察，2015（04）：61-72．

［141］周泰，王亚玲，叶怀珍．区域物流能力与产业经济的灰色控制系统［J］．武汉理工大学学报，2009，31（19）：168-172．

［142］周五七．"一带一路"沿线直接投资分布与挑战应对［J］．改革，2015（08）：39-47．

［143］周小川．共商共建"一带一路"投融资合作体系［J］．中国金融，2017（09）：6-8．

［144］周政达．"一带一路"视角下我国国际商贸物流发展策略研究［J］．商业经济研究，2020（07）：154-157．

［145］朱诺．我国国际航空运输政策与市场研究之"一带一路"篇［J］．空运商务，2020（11）：26-30．

［146］朱世艳．"一带一路"国际物流绩效对中国出口贸易的影响实证［J］．物流科技，2021（01）：103-106，109．

［147］宗莲，王贤梅，何凡，等．基于DEA-Tobit模型的上海市53家医联体效率影响因素分析［J］．实用预防医学，2022，29（7）：822-826．

［148］HOLLWEG C，WONG M H. Measuring regulatory restrictions in logistics services ［R］. ERIA discussion paper series NO 14，2009.

［149］MACIULIS A，VASILIAUSKAS A V，JAKUBANSKAS G. The impact of transport on the competitiveness of national economy ［J］. Transport，2009，24（2）：93-99.

[150] PÖYHÖNEN, P. A tentativemodel for the volume of trade between countries. Weltwirtschaftliches Archiv/ Review of World Economics, 1963 (90): 93-100.

[151] RAGNAR NURKSE. Problems of capital formation in underdeveloped countries [M]. Oxford: Basil Black-well, 1953: 102-110.

[152] RAGNAR NURKSE. Problems of capital formation in underdeveloped countries [M]. Oxford: Basil Black-well, 1953: 102-110.

[153] ROSENSTEIN RODAN P N. Problems of industrial-isation of eastern and south - eastern Europe [J]. The Economic Journal, 1943, 53 (210/ 211): 202-211.

[154] ROSENSTEIN RODAN P N. Problems of industrial-isation of eastern and south - eastern Europe [J]. The Economic Journal, 1943, 53 (210/ 211): 202-211.

[155] TAVASSZY L A, RUIJGROK C J, THISSEN M J P M E. Emerging global logistics networks: implications for transport system and policies [J]. Growth and Change, 2003 (4): 456-472.

[156] TINBERGEN, J. An analysis of world trade flows [J]. Shaping the World Economy, 1962 (3): 1-117.

[157] TONE K. A slacks based measure of efficiency in data envelopment analysis [J]. European Journal of Operational Research, 2001 (3): 498-509.

[158] XIE F, LIU S W, LIU Y, et al. Research of coupling relation between logistics and economy based on artificial neural network [C]. The 5th International Conference on Service Systems and Service Management. New York: IEEE, 2008: 311-316.

[159] XU H F, LIU D A, CHEN S. Regional economy growth relate its logistic system development [C]. Proceeding of the 2006 International Conference on Management of Logistics and Supply Chain. Marrickvilled: Orient ACAD Forum, 2006: 14-18.